DVシェルターの女たち

Women of Battered Women's Shelter
text by Haruko Kasugano

春日野晴子

彩図社

はじめに

ここに来てから、いったいどれくらい時間が経っただろうか。

睡眠薬を飲んでいるせいか、頭がぼんやりとして時間の感覚がまったくない。

1日や2日ではないだろう。でも、1週間にはなっていないはずだ。重い頭を持ち上げるようにしてベッドから起き、廊下に出る。朝食どきのためか、入所者たちが食堂に向かって歩いているのが見えた。

ピンク色の安っぽいポロシャツに、ベージュのズボン。足元にはピンクのビニール製サンダルをはいた女たちが、ゾンビのようにヒタヒタと歩いている……。

どこかの部屋から、子どもの声が聞こえた。

別の部屋からは、女性のすすり泣く声が聞こえる。

私はぼんやりとした頭を抱えて、そのゾンビの群れに加わり、食堂に向かって歩き出した。

ここは刑務所ではない。

精神病院でもない。

ここはDVシェルター……、配偶者や恋人によるドメスティック・バイオレンス（DV）の被害に遭い、居場所がなくなって、殺されかけて、そして逃げてきた女性たちが一時的に身を寄せる場所だ。


シェルターにいる女性の年齢や境遇は様々だった。

職員に隠れて必死にどこかに電話をしている、外国人女性。

ガリガリにやせて小さくなった老婆。

幼い子どもを何人もつれた、まだ若い母親。

突然、喫煙室でヒステリックに暴れ出した中年女性。

1日中部屋に引きこもり、毛布をかぶってベッドの上から動かないイモムシ女。

共通しているのは、諦めと焦り。行き場のない悲しみだ。


私はいまからしばらく前、このDVシェルターに入所していた。

理由はもちろん、夫からの暴力だ。

私はそのとき、平凡な専業主婦だったが、あるとき突然、夫から暴力を振るわれるようになった。夫は拳で私の顔面を殴り、髪をつかんで御影石のキッチンカウンターに私の顔面を叩きつけたこともあった。

私は命の危険を感じて、夫のもとを逃げ去った。

そして、紆余曲折あってシェルターに保護されたのだ。


日本には、ＤＶ被害者を保護するシェルターがある。

そのことを知っている人は多いだろう。

だが、ＤＶシェルターがどういうものなのか、具体的に知る人はほとんどいないはずだ。

なぜならば、ＤＶシェルターとは秘密の施設だからだ。

シェルターは日本全国、各都道府県に設置されている。しかし、その場所は一般に知らされていない。住所を知られれば、暴力夫が保護されている妻を連れ戻しにやってくるかもしれないからだ。

シェルターの内部の生活や入所者の様子、シェルターへの入り方、そして出所後の生活のこともほとんど公になっていない。シェルターは謎に満ちているのだ。

本書は私の経験を通じて、そんなＤＶシェルターの実態を明らかにするとともに、ＤＶという犯罪の怖さとそこから立ち直ることの難しさを訴えようとするものである。

ＤＶ被害者はどのようにして配偶者から暴力を振るわれるようになるのか。
その夫からどう逃げて、いつシェルターに保護されるのか。
シェルターではどのような暮らしを送るのか。
他の入所者たちはどんな人たちなのか。
シェルターを出た後は、どうやって暮らしていくのか。

ＤＶ被害者の過酷な実態を、私の経験を通じて知っていただければ幸いだ。
まずは時計の針を巻き戻して、私の地獄の結婚生活から書いていこう。

DVシェルターの女たち　目次

第三章 DVシェルターの女たち 95

※プライバシー保護のため、本書に登場する人物はすべて仮名にしています。

第一章　地獄の結婚生活

母の介護と仕事に追われる毎日

私の実家は、東京都狛江市の昔ながらの住宅街にあった。

近くに多摩川が流れるところの、分譲一軒家が整然と並ぶ一角にある古い一軒家だった。

高度経済成長期に造成された古い分譲地で、その中でも私の家はひときわ古びていたが、経済的な余裕がなく、建て替えることができずにいた。私はそんな家を子どもの頃から早く出たいと思っていた。だが、なんとなく独立するチャンスを失い、この歳まで来てしまった。


私の父は新宿にある百貨店に勤めるサラリーマンで、母は美容師だった。他に子どもはなく、私は両親の愛情を一身に受けて育った。

ある日、父はいつも通り会社に出かけて、新宿駅で脳卒中で倒れ、突然亡くなった。私は16歳だった。

母は美容師の仕事をしながら、私を大学まで進学させてくれた。

学生時代は楽しかった。卒業が近づいた頃、就職先を探すため、私は書店で求人雑誌を買ってみた。

「フランス、ドイツ出張あり。語学のできる方」とある。

私は、大学でフランス語とドイツ語を学んでいた。業種は「宝飾アドバイザー・買付け」と書いてあった。すでに数社の面接に落ちていた私は、すがるような気持ちで面接に行った。

結果は、採用だった。母も喜んでくれた。

大学を卒業すると、4月から西麻布の宝石店に勤めに出た。

私は宝石の専門的な知識を貪欲に学び、社員研修にも積極的に参加した。ヨーロッパで行われる宝石業者向けの展示会の書類やパンフレットを訳すのも、私の仕事だった。それと同時に、店舗で接客をしたり、大規模な宝石展示会にも参加した。

仕事は忙しかったが、やりがいがあった。私は夢中になって働いた。

だが、入社して13年が経ったとき、人生を揺るがすような出来事があった。

その頃、母が自宅でわずかな段差に足をとられて転倒し、入院をした。その入院中、アルツハイマーを発症してしまったのだ。

症状が出始めてからは、あっという間だった。身体のケガが治っていくのとは裏腹に、母のアルツハイマーは日々進行していった。

しばらくして母は退院し、自宅に戻ってきた。同じ行動を繰り返して、困らせる母。私は会社に行くことができない。役所に相談してホーム・ヘルパーを派遣してもらうことにしたが、もう残業をすることはできなくなった。最初のうちは会社も「まあ、大変でしょうから……」と配慮してくれたが、介護に追われるうちに会社での私の居場所はなくなっていった。

母の病気は良くなることはない。

私は介護と仕事に疲れ果てていた。すべてに余裕がなくなり、仕事中に母を看ていてくれるヘルパーさんとの関係でさえ、うっとうしく思うようになっていた。

母のことを誰かに頼みたいが、私は一人っ子なので兄弟はいない。近くに頼れる親戚もいない。母がこうなるまで、私は一人で生きていけると思っていた。だが、一人でやっていくのはもう限界だった。

見合いの相手は接待上手なエリートサラリーマン

そんな時に声をかけてくれたのが、浜野社長だった。

浜野社長は、私の会社が宝石展示会の会場としてよく利用していた旅館の経営者で、それまでも私のことを何かと気にかけていてくれた。

「春日野さん、お母さんの介護で仕事を続けるのは大変だろう。お見合い相手を探してみるから、そろそろ結婚をしてゆっくり暮らしたらどうだい」

願ってもないお話だった。浜野社長は携帯電話で私の上半身の写真を撮ると、「また連絡しますよ」と言って帰っていった。

それからしばらくして、浜野社長からメールが届いた。メールには、お見合い相手の写真が添付されていた。写真は上半身を写したもので、50歳くらいの男性がやや緊張した面持ちでこちらを見つめている。顔立ちは良くも悪くもない。ごく普通という印象だ。

これ以上は会ってみないとわからない。私は浜野社長に「お会いしてみます」と返信した。

その後、正式な身上書と見合い写真が届いた。

お見合い相手の名前は、山下靖至といった。某有名私立大学を卒業し、現在は一部上場の化学メーカーの部長をしているという。年齢は55歳で初婚者。三人兄弟の三番目だという。

見合い写真を手にとって眺めてみる。生活感がなく、どこか浮世離れをしている印象を受けた。独身生活の長さが、写真からにじみ出ているような気がした。

浜野社長の話によると、山下家は有名事務用品メーカーの創業家で、かなりの資産家だと言う。兄弟たちはみな同じ有名私立大学に幼稚舎から通っているエリート揃いということだった。

55歳で初婚というのは引っかかったが、経歴に申し分はない。むしろ、私にはもったいない話のようにも思えて、かえって気が引けてしまった。

お見合いは、浜野社長が経営する六本木の会席料理店で行われた。

実際に会ってみた第一印象は、物腰の柔らかい、真面目な人というものだった。写真で見るよりも若々しく、年齢の割に体型も崩れていない。仕事柄、接待慣れしているのか、細かなところにもよく気が回った。少しやり過ぎではないかと思う場面もあったが、会話も弾み、楽しい時間を過ごすことができた。

その後、浜野社長から電話があった。

「山下君、春日野さんのことをすごく気に入ったみたいなんだよ。あなたはどう思った？」

「良い方だとは思います。ただ、まだよくわからなくて……」

「まあ、ゆっくり考えて。きっと、いいご縁があると思うよ」

浜野社長はそう言うと電話を切った。

それからしばらくして、山下からデートの誘いを受けた。

「どこへ行きたいですか？」と聞くので、私は「海が見たいです」と答えた。

山下は会社の独身寮に住んでおり、車を持っていなかった。そのため、電車で行くことができる鎌倉で会うことになった。狛江から小田急線に乗り、藤沢へ。そこから江ノ島電鉄に乗り換えて鎌倉に向かった。

改札を出ると、バスロータリーの前で山下が待っていた。全身をブルックスブラザースで決めている。お金をかけているなと思った。

山下はレンタカーを用意していた。私を車に乗せると、江ノ島方面に向かった。

季節は初夏で、立っているだけで汗ばむような陽気だった。山下は車を江ノ島のパーキングに停めると、スタスタと足早に歩き出した。江ノ島水族館を訪れ、江ノ島の長い橋を渡り、島の周囲をぐるぐる回った。その間、私は遅れまいと小走りで後を追いかけた。山下はそんな私を振り返りもしない。その様子を見て、私は「女性慣れしていないな」とかえって好感を持った。

途中、ランチの時間になった。山下はプリントアウトしたコピー用紙を取り出し、そこに書いてあるレストランに行くと言った。私はどこで食べても構わなかったが、山下は自分のプランに固執しているようだった。「男の人って、きっとこうなんだろう」と思った。55歳の初婚ではこんなものだろうと、やはり良い方に考えたのである。

それからしばらくして、浜野社長から電話があった。

「知り合いにヨットを持っている人がいるんだ。よかったら、山下君も誘ってみんなでヨットに乗りに行かないか？」

このとき、私は山下とのことをまだ迷っていた。ほかにも人がいる場所だったら、客観的に見ることができるかもしれない。そう思い、浜野社長のお誘いを受けることにした。

船は三浦半島の油壺のマリーナに係留してあった。

参加者は船のオーナーを含めて、6名。その日は少し風が強く、船は波風に煽られ、シーソーのように揺れた。

「ハハハ、ハハハ……」

山下はその船の上で、ひとり大口を開けて笑っている。不自然なほど明瞭な笑い声に私はなにか薄気味悪いものを感じた。その後、陸に上がり、クラブハウスで食事をとった。そこでの山下はよく気が回る、いつもの山下だった。私はそんな山下を見ているうちに、船の上で抱いた違和感を忘れてしまった。

セーリングの後、しばらくして山下本人から直接夕食に誘われた。

場所は六本木ヒルズのレストランだった。

コースが終わりにさしかかり、デザートが運ばれてきた。山下は姿勢を正すと「結婚してください。必ず幸せにします」と何度も言う。

私は突然の出来事に舞い上がってしまい、その場で山下のプロポーズを受けてしまった。

このときは、それが間違いであることにまったく気づいていなかった。

憧れの結婚へのカウントダウン

数日後、山下に連れられて、実家に結婚の挨拶に行った。

山下の実家は杉並の一等地にあった。広い日本庭園がある見事なお屋敷で、庭には茶室まで設けてあった。

ご両親はとても穏やかな人物で、優しく私を迎え入れてくれた。末っ子の結婚はとうに諦めていたのかもしれない。2人が心から喜んでくれていることが伝わってきた。

それから式の準備が始まった。仲人は紹介をしてくれた浜野社長にお願いすることにした。

私は並行して、実家の整理もしなければならなかった。母のアルツハイマーはより進行しており、自宅で介護することは難しくなっていた。そこで母を介護老人ホームに入所させ、自宅を賃貸に出すことにした。家の中の家財道具を整理し、大量のゴミを引き取ってもらい、家をカラにする。長年住んだ家だったので、少し寂しい気持ちになった。

実家は築年数こそ経っていたが、リフォームすると見違えるように明るい部屋になった。立地も良かった、間もなく借り手が現れた。賃貸収入というのは初めてだった。

契約の日に、鍵を渡してしまうと、私にはもう帰る場所がなくなった。

でも、いいのだ。これからは山下と暮らしていける。私は新生活のために借りた町田の一軒家に、山下より一足先に引っ越しをした。

「婚約指輪を買ってあげる。でも、ブランド物にしてくれないか」

結納が近づいてきた頃、山下はそんなことを言ってきた。

銀座の高級宝飾店を2人で見て回った。山下はその中でもとりわけ値が張るハリー・ウィンストンの指輪を気に入った。2・5カラットの一粒石のダイヤモンドの指輪だった。私はその指輪に見合うように、結納返しとして無理をしてロレックスの時計を用意した。

やがて結納の日取りが決まり、浜野社長の旅館で結納が行われた。

山下の身内からも歓迎された。この頃、私は一番幸せだった。

一流ホテルで豪華披露宴

結婚式は、帝国ホテルに500人以上を招待して盛大に行われた。

オーケストラと合唱団を雇い、すべてが生演奏。料理も一番高価なものを……と、山下がリクエストしていた。テーブルコーディネイトや司会者も一流の人を頼んでいた。ウエディングドレスや燕尾服は貸衣装だったが、私が選んだものを見た山下は「そんな安物だめだよ。似合わない。僕が選ぶから一番高いのにして」と言うので、その通りにした。

教会式の結婚式をホテル内のチャペルで行ったが、私の父はすでに亡くなっていたので、仲人の浜野社長が父親役を務めてくれた。合唱団の讃美歌が終わると、ヴァージンロードを山下と歩く。結婚式は分刻みのスケジュールで組まれている。足早にヴァージンロードを通り過ぎると、私たちはお色直しのために急いで控え室に戻った。

披露宴までは時間がほとんどない。急いでお色直しを終えて、宴会場の入口に立てられた金屏風の前に山下と並んだ。その近くに親族が集まっていた。

出席者には、山下が選んだバカラのペアではないグラスセットを配った。高価な引出物になったのだった。山下は見栄っ張りだった。

披露宴の後は、ホテルの最上階で二次会があった。私たちは帝国ホテルに一泊し、翌日、成田空港から新婚旅行に向かった。その日の山下は機嫌が良く、とても優しかった。

新婚旅行先での夫の異様な行動

新婚旅行は、ヨーロッパ周遊だった。

山下は私をリードしようと、一生懸命だった。だが、山下は海外はおろか、飛行機に乗った経験すらほとんどなかった。結局、私がリードせざるを得なくなる。

空港のラウンジに着くと、さっそく記念撮影を頼まれた。ラウンジの看板の前で1枚、ラウンジでくつろいでいる姿を数枚……、ラウンジで写真を撮るなど、なんだか恥ずかしかったが山下も新婚旅行ではしゃいでいるのだろう、そう思って言う通りにシャッターを切った。

まずはパリへ。宿泊先はオペラ座の並びにある、宮殿のようなホテルだった。

部屋に着き、荷物を解こうとすると山下に止められた。

「ダメだよ。写真を撮ってからね」

そう言うと山下は、にこやかに笑って、大きなソファにゆったりと身を沈めた。その姿を私は何枚も撮影する。私はまるで専属カメラマンだった。

その後、荷解きを終えてシャワーを浴びると、部屋のテーブルには溢れんばかりの豪華な食事が載っていた。山下がルームサービスで頼んだのだ。

「待たせてごめんね」

「いや、いいよ。さあ、食べる前に写真を撮って」

そう言うと山下は、料理の前でポーズをとった。私は再びカメラを構えた。

食事が終わると、チケットを購入するために、隣のオペラ座に向かった。

山下はパリのオペラ座で本格的なオペラを鑑賞したかったらしい。

劇場のチケット売り場には、その日に上演されるバレエのポスターが貼り出してあった。山下はそれを見て、あからさまに不機嫌になった。

「バレエなんて観てもつまらない。オペラが観たい」

しかし、オペラはパリ・オペラ座では上演されない。オペラが上演されるのは、新しく作られたバスティーユのオペラ座なのだ。そう説明すると、山下は私の話を遮るように声を荒げた。

「パリ・オペラ座じゃないと、いい写真が撮れないじゃないか！　なら、バレエでもいい。僕は寝ますからっ」

吐き捨てるように言うと、山下は劇場のチケットカウンターに一人で歩いていった。慌てて後を追う。山下はチケットを英語で注文しているが、片言の日本語英語なのでまったく通じていない。私はフランス語が話せるので、横から助け舟を出した。山下は露骨に嫌な顔をした。

当日のチケットが取れたので、一旦、ホテルに戻り、ドレスアップをしてオペラ座に向かった。山下は上演までの時間、豪華なオペラ座の中でポーズを取り、写真撮影をねだった。異常な枚数を撮影させられたが、山下は一度も「一緒に撮ろう」とは言わなかった。私は記念撮影にはこだわらないので、山下の気が済むまで写真を撮り続けた。

バレエの上演が終わり、オペラ座を出た。夕食時だったが、どんなものを食べたらいいのか、山下はわからない様子だった。

そこで、近くにカキ料理の有名な店があるのを知っていたので誘ってみた。

山下はかなりのヘビースモーカーだったので、店員にそう話すと外のテラス席に案内された。「外かよ！」と山下はまた不機嫌になる。メニューが読めない山下のために、ワインリストを読み上げて説明する。それも気に食わないのか、山下は「勝手に選べよ！」と声を荒げる。その声を聞いて周りの客が「？」というこちらに顔を向けた。

やがて、氷のタワーに乗ったオイスターが、レモンと一緒に運ばれてきた。山下は「料理とワインが映るように」とリクエストし、写真を撮るよう命じてきた。山下は不機嫌なままだが、写真撮影の時だけは笑顔になる。

「このカキの産地、どこなのか聞いてくれる？」

山下がおもむろにそんなことを言い出した。ギャルソンを呼び止めて聞いてみると、「ミヤギ、ジャポン」と笑顔で答えた。それを聞いて、山下は店が一瞬静まるほど大きな声で怒鳴った。

「なんだよ、こんなもの！　どうしてこんな店を選んだんだ！」

私はなぜ山下が怒っているのか、わからなかった。会話もなく気まずい雰囲気のなか、２人で生ガキを食べた。食事も終わりに差し掛かったとき、山下は冷たくこう言った。

「おい、フランスのものじゃない店に連れてきたんだから、ここはお前が払えよな」

山下に「お前」と呼ばれたのは初めてだった。結婚式までの優雅で、物腰の柔らかい人柄はどこかに消えていた。私の目の前にいるのは、顔を不機嫌に歪めた、子どものようにわがままな男だった。

パリには1週間滞在し、その後、チェコやオーストリアを周った。

山下はどこに行っても写真を撮ることに執着した。並ぶのが嫌いで、すぐに癇癪を起こすので、私は注意しながら各地を案内した。山下はルームサービスについてくる紙ナプキンやコースター、マドラーなど、なんでも持ち帰ろうとした。旅行中、たくさんのホテルグッズが集まった。山下はそれらを折れ曲がらないようにクリアファイルに挟んで、丁寧にスーツケースにしまっていた。

この妙な収集癖は旅行の間中続いた。チェコのプラハに向かう飛行機の中でも、山下は機内食の時に出てきたナイフ、フォークなどのカトラリーをバッグに入れようとした。私は思わず
「それは持ち帰れないのよ」と静かに諭した。

「勝手にしろっ！」

山下はそう怒鳴ると、カトラリーを前方に投げつけた。客室乗務員が何事かとこちらを見ている。あまりの幼稚な行動に、私は呆れてしまった。それきり到着まで会話はなかった。

プラハでは、親族にお土産を選ぶことになっていた。チェコはガーネットが有名なので、イヤリングやブローチを買っていくことになった。「僕はわからないから、選んで」と頼まれたので、不公平にならないように選んでいた。その私に向かって山下はこんなことを言った。

「でも、君のは買ってあげないよ。釣った魚に、エサはやらない」

私は自分の耳を疑った。私は自分が欲しくてガーネットを選んでいるわけではない。頼まれたから選んでいるのだ。そんなことを言われたら、いくらなんでも気分が悪くなる。

それから山下はレストランで料理を選ぶときも、「キミは一番安いものにして」などと言うようになった。山下は必ず好みのものではなく、一番高い料理を頼んだ。そして撮影だ。食事中の会話はなにもない。なんと不自然な新婚旅行だろうか。

私はさきに婚姻届を提出していたことを、心底、後悔したのだった。

だが、当時の私にはひとりで生きていく自信がなく、山下と別れるという選択肢はなかった。私は不安を押し殺し、帰国後も山下と生きていくことを選んだのである。

募る夫への不信感

町田の戸建ては2年限りの貸家だったが、5LDKの3階建ての一軒家で、輸入住宅の雰囲気のいい家だった。庭には大きな金木犀やモクレンがあり、住み心地は最高だった。実家を出たことのない私には、夢のような暮らしだった。

帰国後数週間で写真を整理すると、山下は「帰国パーティーをやる」と言い出した。

知人・友人・会社関係・親族を集めて、再び帝国ホテルで昼食会をしながら、新婚旅行の写真やホテルグッズを披露するという。山下はガイドブックをまとめて台本のようなものを作ると、プロジェクターに映し出す画像を念入りに準備し始めた。

帰国パーティーには、大勢の人が詰めかけた。プロジェクターに飛行機の半券、五つ星ホテルの写真、食事、観光地などの写真が次々と映し出される。その脇で山下はマイク片手に得意げに説明している。山下の一連の行動は、見栄っ張りなだけだったのだとつくづく思った。

これを見せられた人は「豪華ですごい新婚旅行だ」と思ったに違いない。その裏で山下がどんな態度をとっていたのか、どんな発言で私を不快にしたのか、気付く人は誰もいないだろう。

「彼女は写真を撮るのが趣味なんですよ」

壇上の山下が私の方を向いて笑いながら言った。私はその場から逃げ出したかった。だが、そんなことをすれば山下が爆発するのは目に見えている。私はそれを避けたくて、適当にほほ笑むしかなかった。

帰国後に始まった経済的ＤＶ

帰国してからしばらくして、山下の兄夫婦の誘いで、湯河原の別荘に行くことになった。別荘は景色のよい高台にあって、昔から所有していたという。

「いま別荘は安いぞ。お前も所帯を持ったんだし、1軒ぐらい買ったらどうだ？」

義兄にそそのかされて、山下は逗子マリーナにマンションを買った。

私たちは毎週末、逗子の部屋に通った。金曜日の夜、会社がある日比谷まで山下を車で迎えに行き、逗子に向かった。町田の自宅とは気分が変わるのか、そこでは私たち夫婦は仲良くしていた。周辺を散歩したり、鎌倉の方まで足を延ばしてのんびり過ごすことは、2人の唯一の楽しみだった。逗子にいる間、山下は機嫌が悪くなることもなく、私にも優しかった。

傍から見れば、うらやむような夫婦に見えたかもしれない。

だが、この頃、すでに私には山下との生活で大きな悩みがあった。

新婚旅行から帰国して以来、山下が生活費を一切入れてくれなくなったのだ。

私は結婚を機に退職をしていた。収入と言えるようなものは実家のわずかな家賃だけだった。にもかかわらず、山下は食費などの生活費を入れようとしない。私は自分の貯金の中から食費を出さなければならなかった。

こうした生活はさすがに長く続けられない。私は意を決して山下に生活費を渡してほしいと訴えた。返ってきた山下の答えはこうだった。

「え～、だって僕のお小遣いが減っちゃうもん、嫌だよ」

とんでもないことになった。家賃は社宅として借りていたので問題はなかった。光熱費は山下の口座から引き落とされた。私は節約して、安い食材で料理を作った。山下が「カレーに具が少ない。何でなの？」という。「生活費を出してほしい」というと山下は「僕は、お金は払わないよ」と、それきり口を閉ざしてしまった。私は少しでも節約するために、自分の食事を減らすことにした。

山下の変態コレクション

そんなある日、私は山下のパソコンの中に奇妙なフォルダがあるのを発見してしまった。私は山下とパソコンを共有していた。普段はあまり開くことのないフォルダを開いたところ、山下が保存したと思われる大量の画像を偶然見つけてしまったのだ。

画像は女性の局部のアップの写真だった。

衣装のようなものを着ているので、おそらく山下の好きなフィギュアスケートの写真だろう。山下はあるフィギュアスケートの女子選手が好きだとよく言っていた。その選手が足を高く上げた写真の、股間が丸見えになった部分を拡大して切り取り保存していたのだ。

この写真を見ている山下を想像して、悪寒が走った。変態だと思った。

だが、このときはまだ離婚する気にはならなかった。

このまま惰性で暮らしていこうと思っていた。

それからしばらくして、私はまた別のコレクションを見つけてしまった。

この日、山下は朝からゴルフに出かけていて不在だった。クローゼットを片づけているとき、山下が普段出勤時に持ち歩いているバッグが床に落ちた。同時に、バッグの中からカラフルな名刺がドサッと出てきた。

名刺には「みゆ」「ゆいな」「すみれ」といった女性名が書かれていたが、いずれも名前だけで、苗字がない。

裏を見ると几帳面な字で、日付が書いてある。山下の字だ。

怪しげな名刺を数枚取り、自分のバッグに隠した。物知りな私の古い友人である静子に見せて、意見を聞いてみることにしたのだ。

静子は名刺を見るなり、嫌悪感をむき出しにして言った。

「ああ、これねえ、風俗よ。風俗嬢の名刺。たぶん裏にある日付って、通った日なんじゃない？携帯番号も書いてあるじゃない」

ショックを受けた。気持ち悪かった。私は山下の留守中に家に帰ると、持ち出したのがバレないように名刺を通勤バッグに戻した。これでもまだ私は結婚生活を続けるつもりだったのだ。

義母に相談を持ちかける

結婚して2年が経ったが、山下は何も変わらなかった。

相変わらず生活費は入れてもらえず、私の貯金は大きく目減りしていた。

幸い山下の義母や義父とは、毎日のように電話でやりとりするなど関係は良好だった。山下も両親から言われれば、考えを改めてくれるかもしれない。

私はそんな淡い期待から、思い切って義父と義母に相談してみることにした。

これまでのことをすべて話すと、義母はひとつ大きなため息をついた。

「やっぱりあの子、結婚は無理だったのね……。今週末、3人で話し合いましょう」

私が落ち込んでいると、義父はこう声をかけてくれた。

「もしよかったら、家を2世帯住宅に建て直して一緒に暮らさないか。おまえがいてくれたら楽しいし、母さんもラクだ。あいつのことは放っておいて、3人で楽しく暮らそう」

涙が出るほど嬉しかった。大好きな義父と義母と暮らせるなんて、想像もしたことがなかった。山下の実家からならアルツハイマーの母のところへも通いやすくなる。

しかし、山下は嫌がった。「そんなの嫌だ。介護する羽目になるじゃないか。勝手にやればいい。一人で行け」と言い捨てた。私は本当に一人で家を出て、義父・義母と一緒に暮らしたかった。

まさかの突然死

義母と私、そして山下との3人での話し合いまであと2日までできた。

夜の10時半頃、自宅の電話が鳴った。義父からだった。

「母さんが死んでいる。どうしたらいいんだ？」

電話口の義父は泣きじゃくっている。混乱しているようだった。

私と山下は急いで杉並の実家に向かった。家に入ると、義父は応接間のソファに座って、頭を抱えていた。

「風呂場を見てくれ」

山下と風呂場に行くと、裸の義母がうつ伏せの状態で、上半身を浴槽に浸けて倒れていた。

やがて救急車が到着した。風呂場から義母を出し、毛布やブルーシートでくるんで担架に乗せて病院に運ぶ。

義母が死んでしまった。変死扱いなので、警察もやってきた。

「長男夫婦に電話してくれ」と義父に頼まれ、電話したら義兄が出て「えーっ！」と驚いた。「もう、亡くなっている」と伝えると、何と「今日は遅いから、明日行くよ」とあっさり電話を切られてしまった。

病院の霊安室で義母は冷たくなっていた。義父が泣いている。山下は「仕事がある」と言ってタクシーで先に帰ってしまった。私は義父と病院に残った。やがて葬儀屋が来て、義母に白装束が着せられた。

「電話を貸してくれないか」

義父が憔悴しきった声で言った。携帯電話を渡すと、長男夫婦に電話をした。

「おい、俺だ。忙しいところ悪いが、葬儀の仕切りをやってくれないか？」

「アメリカから帰ったばかりで、時差でつかれているんだよ。靖至にやってもらえよ」

義父は山下に電話をした。山下は「わかったよ、詳しいことは彼女に言っておいて」と言って電話を切ってしまった。私はしかたなく、葬儀屋と葬儀の打ち合わせをした。

ずっと義父に付き添っていたので、私は一睡もしていなかった。

義母の遺体を収めるために、応接間に布団を敷かなければならない。広い実家の一階部分しか知らない私だったが、義父に言われた通り、2階から布団を探し出して1階に敷いた。

それから葬儀屋と義父と3人で紙でできた三途の川の渡し賃を懐に入れたり、線香を焚く台などを作った。それが終わると買い物に行き、義父の食事を作り、風呂場に散乱する義母の排泄物を片づけた。

しかし、いくら待っても兄弟や親族たちはやってこなかった。義父は「みんな忙しいから仕方ないよ」とため息をつくのだが、私は薄情だと思った。初めて入った義母の台所、引出しにはゴキブリの死体がカラカラになって入っていた。台所はどうしようもなく汚れていた。今まで、誰も義母の手伝いをしなかったということだ。ひどい話だ。

その日は結局誰も来ず、実家でドライアイスに包まれた義母を挟んで布団を敷き、義父と遺体になった義母と3人で寝た。

翌日、棺が届いた。しかし、やはり義父と私しかいない。誰も来ないし連絡もないのだ。私は義母に死に化粧をしてやり、義父と一緒に納棺した。

夕方、ようやく山下がやってきた。

葬儀屋さんと、義父とで葬儀の打ち合わせをした。自宅に戻ると、私の顔を見るなり、山下は手元にあったコップを床に叩きつけた。コップは粉々に割れた。

山下は表情を変えず、言葉も出さない。

これがＤＶのはじまりだった。

山下家の非情な子どもたち

警察での検死が終わると、お通夜である。義母の入った棺は自宅から、府中の寺へ運ばれた。お通夜に来て下さったお客様は、およそ330人だった。

喪主の義父の隣に、山下と私は座った。暑い夜だった。たくさんのお客様を相手にしたが、結婚式に来ていない方も多く、「喪主の隣に座っている女性は誰?」と古くから山下家を知る人は思ったに違いない。

しかし、山下家の兄弟が集まらない。山下が兄夫婦に電話をすると「疲れているから、告別式だけ行く」と言った。次男の妻（次男はすでに死去していた）は「子どもが塾なので行けない」と言う。花輪だけは立派なものを送ってきたが、つくづく薄情な家族だと思った。

翌日の告別式にも大勢の人がつめかけた。長男夫婦と子どもたち、そして次男の妻は出棺間際になってようやく到着した。何の手伝いもしなかったというのに、義姉たちは「本日は義母のためにありがとうございます」と挨拶をして回っている。

告別式は、560人ほどが集まり盛大に執り行われた。私は休む間もなくひたすら立ち働いた。義母亡き後、誰が私と山下との間を取り持ってくれるのだろう。義父は社会的な地位こそ高くても、家庭内のことは何もできない。頼りにすることはできないのだ。

義母の棺桶を運ぶ車列が、火葬場についた。

それまで我関せずの態度をとっていた家族が「お母さま〜！」とわざとらしく泣き崩れた。

義父が「晴子ちゃん、遺髪を取ってくれ。なにか包むものはないか？」と言う。私は慎重に耳の後ろあたりの髪を切ると、自分で用意していた予備のハンカチに包んで義父に渡した。

骨上げが終わると、解散することになった。兄弟たちは誰も義父を送ろうとしなかった。私はタクシーを呼んだ。義父は遺骨を抱いて、後部座席にしょんぼりと座っていた。

突然爆発した山下の暴力性

実家に着くと、さっそく葬儀屋さんが来て、応接間に祭壇を作ってくれた。

優しかった義母はもういないのだ。私は改めて悲しくなってきた。

「なあ、そばでも食べよう。お前たちも、お腹が空いただろう」

義父がつとめて明るく言った。

その瞬間、山下が激高した。

「もう、やってらんねえよ！　僕は三男なんだから関係ねえだろう！」

乱暴に車のカギを掴むと、私を置いて出て行ってしまった。

「そのうちケロッと帰ってくるよ」

こんな態度をとられたというのに、義父は呑気だった。よくあることなのだろうか。

4時間後、義父の予言通り、山下はケロっと帰ってきた。義父もとくに咎めない。私もどこにいたのか聞かなかった。義父も落ち着いたので、私は山下と町田の家に帰ることにした。

自宅につくと、山下はムッとしている。私はお茶を出そうと、喪服のままキッチンに立った。

そのとき、背後から強い衝撃を受けて突き飛ばされた。

驚いて振り返ると、山下が立っていた。

怒っている顔ではない。普通の顔をしている。

次の瞬間、喪服を引っ張られ、床に転ばされた。そして私の身体をまるで青竹踏みのように、ドンドンと踏みつけてきた。

全身を襲う痛みの中、私は混乱していた。なぜ、私は蹴られなければならないのか。私がいったい何をしたのか。山下の暴力が一段落したので、私は立ち上がり、和室に逃げ込んでカギをかけた。しばらくしてから様子を見に階段を上っていくと、山下は2階のリビングに喪服を脱ぎ散らかして、3階で眠っていた。

いったいなんだったのだろう。私は泣きながら喪服を片づけ、割れたガラスなどを掃除した。

なぜ、このとき山下は私に暴力を振るったのか。

その理由をいまでも考えることがある。山下の心の中はわからない。が、やはり義母の突然死の影響が大きかったのではないかと思う。

山下は60歳近くになっていながら、異常なほどの幼児性があった。義母に対しても同様で、まるで小さな子どものように甘えることがあった。その最愛の母が突然亡くなったという事実を受け入れることができず、パニックを起こしていたのかもしれない。いや、パニックというより、癇癪を起こしたという方が正しいだろう。私は山下にとって、いい八つ当たりの道具であった。この日以来、山下は私への暴力の味をしめるようになっていったのだ。そんなことを静子に相談すると、「暴力を振るわれたら、必ず診断書を取るように」と教えられた。

翌日、山下は何食わぬ顔で会社に行った。

私はそれを見送ると、食事の準備をし、たまった洗濯物を片づけ、掃除をしてから、静子に教わった通り、診断書を得るために病院に行った。全身の打撲……、それが私の病名だった。

夜になって山下が帰宅した。

「おかえりなさい」

私は何事もなかったかのように、つとめて明るく声をかけた。山下はそれに一切答えず、私のそばに来ると無表情のまま、こぶしで私の顔面を殴った。私は床にバタリと倒れた。山下は私の髪を掴み、リビング中を引きずり回した。

「やめて！」

必死で声を上げると、平手で顔を叩かれた。何度も叩かれ、鼻血が出た。抵抗すればするほど、暴力は激しくなった。山下の顔は仮面を変えたように、おそろしい顔に豹変していた。

この日の暴力で、私の顔には大きなアザができた。ご近所の人に見られたくないので、買い物は人気のない深夜に、山下が寝てから遠くの24時間スーパーまで車を飛ばした。この時のケガも診断書を取っている。

パワーとコントロールの車輪の法則

山下の暴力は、日に日にエスカレートしていった。

私は直接の暴力というものが、ＤＶのひとつの側面でしかないことを思い知った。

山下は私を殴らないときは、よく物を壊した。

液晶テレビを投げて壊したと思えば、私が大切にしていたバッグや洋服などをハサミで切り刻んだ。靴も履けないようにハサミで切る。ＤＶＤデッキを投げる。掃除機も壊した。パソコンやプリンターも。加湿器は床に叩きつけた。床はすぐに傷だらけになった。

山下が壊した電化製品は、私の負担で買わされた。

ひとりで大型テレビやＤＶＤデッキを運ぶのは大変だったが、２階のリビングに持って上がると山下は「へえ、いいじゃない」と喜び、ケーブルをつないだ。

「晴子ちゃん、ありがとう」

そう言って優しくなり、自分が壊したものを機嫌よく自分で片づけてくれた。

私はホッとした。物を壊されて、新しい物を買わされたというのに、そんな山下の行動を「ありがたい」と思ってしまった。

それは肉体的な暴力のときも同じだった。山下はひとしきり私を殴った後、２〜３本タバコを吸うと急に甘い声を出して優しくなった。それを私は「ありがたい」と思い、ホッとするのだ。

あるとき、山下は暴力を振るった後でポツリと言った。

「誰のおかげでこういう暮らしができると思っているんだ！　そこいらへんの三流サラリーマンの娘のくせに。もっと俺の言う事を聞け。なんでお前と結婚したかわかるか？　身内は入院中の頭のボケたお母様だけだからだよ。逃げられるものなら逃げてみろ」

私はゾッとした。

しかし、山下はいつも機嫌が悪いわけではなかった。私も山下を怒らせないよう、ハラハラしながら機嫌をうかがって暮らしていた。

山下の機嫌がよいときは、夕食の支度ができていても、「晴子ちゃん、○○に行って、○○食べよう」などと誘っては仲良く食事をしていたものだ。そんなときは「もう夫は、怒らないだろう」と私は勝手に思っていた。また、逗子マリーナの別荘に行くときも「晴子ちゃん、この竹のザル、持っていこう。小坪で魚を買って、あら汁作ってあげるよ」などとも言った。逗子マリーナに向かう車の中では、私は聞き役で、山下は主に学生時代の楽しかった思い出話などをしていた。そして夫婦で誘われている食事会の話などもした。山下の仕事の関係で会食に呼ばれる機会は多かった。「何を着ていこうか?」と私が山下に意見を聞く。山下は「ローズ色のアンサンブル着て。あれ、似合うよ」などと言うのだ。

だが、暴力を振るう時は仮面を変えたように表情が変わる。息を切らして夢中になって殴ってくる。気が済むとソファに座り、タバコを吸い、テレビを見ている。

少し離れて座っていると、山下はそっと近づいて「晴子ちゃん、ごめんね。痛い?　もう殴らないよ。絶対しないから」と、氷水を作って冷やしてくれたりもする。そうすると、私も「もう、本当に殴ったりしないだろう」と、その度に信じて許していた。だが、2~3日後に再び突然の暴力……、この繰り返しだった。何もない日は、私は家を守り幸せも感じていて、満足もしていたのだ。

信じては裏切られ、また信じては裏切られる。これが延々と続く。

こうした支配のやり方を「パワーとコントロールの車輪の法則」と呼ぶことを、私は後になって知った。

夫と離婚したいと仲人に相談

暴力と隣合わせの毎日を送っているうちに、私は思考停止に陥りかけていた。

だが、1日のうちに何度かは、山下の影響からふと脱する時がある。私はそこでいまの生活を客観視し、あまりの惨めさに涙が出た。そしてこの生活がこれ以上耐えられなくなった。

山下と離婚をしたい、もう暴力は嫌だという思いがこみ上げてきた。

私は仲人をしてくれた浜野社長に連絡をとった。

浜野社長は山下家とは長い付き合いがあったので、一族のこともよく知っていた。

「折り入ってお話があります。時間を下さいませんか？」

そう切り出すと、浜野社長は翌日の午後、自分の旅館に来るようにいった。

私は救いを求めていた。浜野社長にすべてを打ち明けた。私は山下の仕打ちに怒りと恐怖を覚えていたし、義父と義母を除く一族すべてを恨んでいた。

協議離婚などする気はない。ＤＶの証拠となる医師の診断書や患部の写真もある。裁判離婚を望んだ。

「弁護士を紹介してもらうわけにはいきませんか？」

私がそう頼むと、浜野社長は知り合いの弁護士の連絡先を渡してくれた。

「ここに電話して訪ねてみなさい。とても優秀な弁護士だ。きっと力になってくれる。私からも連絡をしておくから」

しかし、私はこのとき頼む相手を間違っていた。ＤＶによる裁判離婚など、山下家にとっては恥である。浜野社長は当然、山下家との付き合いを尊重するだろう。紹介された弁護士も、浜野社長の意向を汲んでいる可能性は充分あった。

だが、わらにもすがる思いだった私は、紹介された弁護士に電話を入れた。

「いま、他の事件を抱えています。再来週来てください」

その言葉に従い、面会の約束をとった。

だが、いま思うとこれもおかしい。他の事件を抱えていない弁護士なんて、普通はいないはずだ。しかし、当時の私はこの弁護士の言葉を素直に信じた。そして日々の暴力に耐えながら、弁護士からの連絡をずっと待っていたのだ。

習慣化した山下の暴力

もう暴力は日常化していた。私は山下が会社へ出かけると、緊張から解放されてソファで眠った。この頃、眠るのが非常に怖かった。すぐ逃げ出せるように、夜もGパン、セーターを、ぴっちり着て寝たりしていた。いつだったか、寝ている間に目にガムテープを貼られたこともあった。もう夜も安心ではなかった。

やがて、私は3階で寝て、山下は1階で寝るようになった。私は3階に上がると、部屋にカギをかけるのが習慣になった。

山下が帰宅する頃、電話で「今から接待だから、夕飯はいらないよ」と電話がくることが多かった。そして午前になってタクシーで都内から帰宅すると、なぜか風呂は入らない。毎日だ。静子が言っていた通り、ソープ通いをしていたのだろう。でも、そんなことはもうどうでもよかった。夫婦関係はとっくに壊れていたのだから。

ある夜、山下は早めに帰宅して、無表情で私に近づいてきた。

「殴られる」とすぐわかった。キッチンに立っていた私は、慌てて包丁をしまった。しかし、山下は殴らなかった。「携帯を見せて」と優しく言うのだ。携帯を渡すと着信や発信の記録、メール内容を見ている。そして「留守モードにしてね」と優しく言った。どういうことかわからないが従った。そして次の日、留守モードを解除しておいたところ、山下から電話が入った。出ると切れた。それから間もなく、山下は帰ってきた。ドアを蹴飛ばし、傘立てを投げつけ、リビングに入ってくると私につかみかかった。

そして、冷蔵庫に顔面を何度も打ち付けた。私が崩れると、胸ぐらをつかんで「立て」と命令した。抵抗すると、暴力はいっそう激しくなることを理解していた私は、痛みをこらえ立ち上がった。何度も身体と顔を殴られた。髪を掴まれ、御影石のキッチンカウンターに顔を何度も打ち付けられた。口の中が切れ、噴き出した血で服の胸元が赤く染まった。暴力は私が意識を失うまで続くのだった。

こういう暴力を受けている時、意外なことに、悲鳴は上げられないものだ。痛みに耐えようとして身体を硬直させると、自然と呼吸することを堪えてしまう。そうすると声が出なくなるのだ。

このころから、山下は、私が外出したり、友人と会ったり、電話で話したりすることを制限してきた。これも、典型的なＤＶである。

気が付いた時、私はキッチンで倒れていた。山下は何事もなかったように、ダイニングテーブルでタバコを吸っていた。

身構えても仕方なく、逃げ場は無い。何しろ家庭の中だからだ。住み心地最高だった家は、恐怖の拷問部屋のようになっていったのだった。

翌朝、山下を会社に送ると、急いで帽子をかぶりマスクをしてサングラスをかけ、病院に行き診断書を取った。医師が「どうしたのですか？」と聞いた。もし、この場で、夫に殴られた……と言ったら、山下にバレて仕返しされるに決まっている。「山下は追ってきて、私を殺すかもしれない」と思うと急に怖くなり、医師に「自転車で転びました」と嘘をついた。そして、帰宅すると「昨日は、ごめんね」と山下は優しく言うのだった。

逃げ出すためにバッグを準備

その頃、私はいつも買い物に行くときに使っている小さな布のバッグに、非常用セットをしのばせるようになっていた。

このままでは殺されるのではないか……と、真剣に怯えていたからだ。

まず、パスポート、印鑑証明、実印、銀行印、通帳、現金8万円、キャッシュカード、保険証、運転免許証、携帯電話、充電器……。それをバッグに入れて、キッチンのフックに掛けておいた。バッグの膨らみがわからないように、上からエプロンをかけてカモフラージュした。それ以外の、母から預かっていた実家の権利証や、書類一式、これらは、銀行の貸金庫に預けたのだ。

この頃になると、何もない日はほとんどなくなっていた。

2人でソファに座ることも、怖くてできない。

山下がやけっぱちな態度で、私に殴りかかってきた。ソファに座った私に、突然襲いかかってきたのだ。私は座ったまま顔を殴られ、ソファの端っこで逃げ場を失っていた。その時、顎に激痛が走った。山下は殴るのをやめて、ゴルフの打ちっぱなしに出かけた。

殴られた顎がまったく動かない。救急車を呼びたかったが、近所の目が気になった。仕方がないので、タオルで口元を隠しながら、近所の整骨院に行った。患部を見ると一目で症状がわかったようだった。

「脱臼していますね。もとに戻すので、舌を噛まないよう引っ込めていてください。少し痛いですよ、がんばってください」

そういうと、私の顎を掴んで思い切り力を込めた。私の悲鳴が小さな整骨院に響いた。

しばらくして、顎は元に戻った。この時、診断書はもらえると思っていなかったので書いてもらっていない。

ついに自宅を脱出

義母の遺産相続の話が出てきた。兄弟で喧嘩していた。義父も困っていた。

山下の機嫌は悪く、私は毎日のように殴られた。

その日の晩も同じように殴られた。私は床に倒れたまま、エビのように丸まって、嵐が過ぎ去るのを耐え忍んでいた。抵抗しないのがおもしろくなかったのか、山下は殴るのをやめるとパジャマに着替えて、ソファでタバコを吸いながらテレビを見ていた。

私が起き上がると、山下は勢いよく近づいてきた。「また、殴られる」、そう思いとっさに防御の姿勢をとると、山下は「もう寝る、バカ野朗」と言って、ソファに戻っていった。

私はパジャマに着替えて、ペットボトルのお茶を片手に、右手には吸いかけのタバコを持って逃げるように3階の自分の寝室に向かった。


その時である。

山下が追ってきた。そして私を追い抜くと、階段の最上段から私の身体の中心部に思い切り蹴りを入れた。私は両手がふさがっていて、受け身をとることができない。後ろ向きのまま、階段を下までザザーッと落ちていった。背中が焼けるように痛む。どこか傷めたのか、身体に力が入らず、起き上がることができない。

山下はそんな私を見下ろしながら、階段を駆け下りてきた。そして、私の身体を踏みつけると「家が火事になる、クソ女！」と言って、床に落ちた私の吸いかけのタバコをもみ消した。

それから後頭部の髪を掴み、御影石のカウンターに引きずって行き、顔を何度も打ち付け始めた。本当に殺されるかもしれない。私の身体は恐怖で固くなった。カウンターの角に口の辺りが打ち付けられる。血液と唾液が混じったものが、ダラダラと胸元に流れる。冷蔵庫に顔を打ち付けられ、拳で顔を殴られる。歯に異常を感じた。いままで経験したことのない痛みを感じて、悲鳴が漏れる。

「僕は寝ます」

山下は静かにそう言うと、殴る手を止めた。振り向きざまに「血、拭けよな。汚らしい」と言い残して自分の寝室に歩いて行った。

私は「今こそ逃げるときだ」と決心し、非常用バッグを手にとった。山下に気づかれないよう、ハンドタオルを口にギュッと当て、足音をさせないよう裸足で裏口から家を出た。

それから無我夢中で走った。1本通りを隔てた山岡さん宅のガレージに入り、駐車中の自動車の後ろに隠れて携帯電話を取り出し、119番に電話をした。

「助けてください。夫に殴られました。山岡さんのガレージに隠れています。サイレンを鳴らさずに来てください」

たったこれだけのことを言うのにかなりの時間がかかった。なにしろ口と歯と顎が痛いのだ。ろれつが回らず、「た・す・け・て・く・だ……や・ま……お・か……さ・ん・の……ガ……レ・ジに」という具合に、伝えることが精一杯だった。しゃべるたびに口の中が切れ、歯が強烈に痛んだ。歯の痛みはビリビリと全身に響いた。

やがて赤色灯だけ回し、静かに救急車は到着した。私の血だらけの姿を見て、救急隊員が「どこを怪我しましたか」と聞く。私はそっと口元のハンドタオルを外した。口の中の様子を見て、救急隊員の顔色が変わるのがわかった。

救急車は私を乗せて、静かに走り出した。私は恐怖と痛みで震えていた。

第二章　逃げ込んだのはＤＶシェルター

「神経が出ているね」と医者は言った

救急隊は私を総合病院の口腔外科に搬送してくれた。診察台に乗り、口を開けるように言われたが、あまりの激痛に悲鳴を上げ、暴れてしまった。

「歯が何本も折れていますよ。ああ……、これは神経が出ているね」

そう言うと、医師は看護師に命じて私の身体を押さえさせた。4人がかりで診察台に押さえつけられて治療を受ける。とてつもない痛みに耐えて、麻酔をし、ザラザラとしたぶ厚い仮歯を入れた。間が抜けた表情になった気がしたが、仮歯を装着すると痛みは薄れた。

痛み止めの薬をもらい、身体の他の部位の怪我も診てもらった。「背中全体に擦過傷」「身体全体の打撲」「頭部打撲」「顔面打撲と擦過傷」と診断書を取った。写真も撮られた。まず、顔を含めた全身、それぞれの怪我の部位、何枚も何枚も撮影された。

私を見て、医師もDVだとすぐわかったようだ。「このまま少し、休みましょう」と、救急室のベッドで横たわる。少し横になっていたら、また医師が来た。

「どうですか。まだ痛みは取れないでしょう。今日の歯は仮歯ですから、改めて、歯を入れましょう。その前に、警察に行くべきです。ご自分で行かれますか？　それとも、迎えに来てもらいましょうか」

私は「自分で行きます」と答えた。だが、裸足で出てきたので履物がない。私は病院からスリッパをもらって、タクシーで最寄りの警察署に向かった。

警察による事情聴取と現場検証

「いったいどうしたんですか？」

警察署につくと、玄関の番をしていた警察官に驚かれた。

「夫に殴られて病院に行きました。仮の治療が終わったので、警察に来ました」

私がそう言うのと同時に、警察署の中にいた刑事が飛んできた。私の姿はまるで殺人現場から来たような姿だったのだ。

さきほど診察をしてくれた医師から連絡が入っていたらしい。デリケートな問題だったので、警察は気を遣い、女性刑事を担当に付けてくれた。

狭い取調室に案内された。女性刑事はパソコンを持ってきた。山下との出会いにまで遡り、たっぷり時間をかけて調書を取る。女性刑事は途中、席を外すと缶入りの温かいミルクティーを持ってきてくれた。季節は晩秋だった。張り詰めた心を解きほぐすような温かさだった。

女性刑事は「ご主人が出勤するのは何時ですか?」と聞く。

「だいたい8時頃です」

「それでは、9時半に自宅へ行きましょう。実況見分をします」

「家に帰るのは怖いんです」

私は必死で訴えた。だが、女性刑事は警察官が同行するので問題ないと言う。時間がくるまで警察署の長椅子で眠った。身体中が痛かった。

朝になり女性刑事が紺色のジャンパーを持ってきた。

テレビのニュースで見る、警察官がよく着ているジャンパーだ。

裏返すと背中の「警察」の文字は消え、無地になった。とても暖かかった。リバーシブルになっていたとは知らなかった。それを着て、普通乗用車に乗り、2人の刑事と自宅に戻った。

カギを開けるのが怖い。女性刑事が張り込みをするように、玄関扉の横に張り付いた。ゆっくり開ける。山下はすでに家を出ているようだった。

恐る恐る2階のリビングに上がる。ピアノの下に昨晩の私のペットボトルが転がっていた。

男性刑事はそのペットボトルやタバコの焦げ跡、階段などを写真に収めていく。

「どうやって、階段から突き落とされたか、突き落とされたところまで、上がって下さい」

刑事がそう頼んできた。山下が突如、3階から姿を現すのではないか。私は怖かった。

ゆっくり階段を上り、上から3段目のところで止まった。そして、両手がふさがっていたことを説明した。

「ありがとうございます。では、次に落ちた瞬間の姿をやってみてください」

床に昨日と同じ格好で寝転がった。刑事は再びカメラを構えた。

キッチンは血だらけのままだった。

「3日分くらいの着替えを持って出ましょう。待っていますから、準備してください」

女性刑事に促されて、着替えをとりに行った。宝石販売会社に勤務していた頃、出張で使っていたナイロン製の大きなボストンバッグが目に留まった。そこに下着と服、そして大量のコンタクトレンズを詰め込んだ。血だらけのパジャマを着替え、Gパンをはき、セーターを着て、ウィンドブレーカーを羽織った。靴も取り替えた。

病院でもらったスリッパは、家に残しておくと戻ってきたことに気づかれるので、ビニールに入れて持って出た。常備薬もありったけ持った。それから、町田署に戻り、もう一度、調書を作成した。私が女性刑事の質問に答えると、女性刑事はパソコンにどんどん打ち込んでいった。とても疲れていた。調書の作成はとても辛かった。

町田署の用件を終えると、警察を後にした。また、呼び出しが来るかもしれないとのことだった。すでに弁護士に依頼していると言うと、警察も話が早いと思ったのか、さっさと帰してくれた。

深夜バスで名古屋の友人宅に避難

警察署を出た後、私は途方に暮れた。行くあてがないのだ。

母はアルツハイマーで老人ホームにいる。実家はすでに賃貸に回しているため、帰ることができない。

浜野社長に紹介された弁護士に電話をしたが、外出中とのことでつながらない。私は喫茶店に入り、隠れるように座った。顔も腫れているし、背中の擦過傷も痛い。

弁護士に何度も電話をいれた。午後6時過ぎになって、ようやく連絡がついた。一部始終を話すべく、番町の弁護士事務所にタクシーで向かった。

弁護士は足を組むと、メモもとらずに話を聞いた。質問もなく、ただ「うんうん」とだけ頷いている。

話が終わると、弁護士は「裁判を起こしますか?」と聞いてきた。

私はそのつもりだと答えた。

「では、準備します。急ぎますが、時間もかかるので、どこか自宅以外の場所にいてください。

連絡します」

弁護士事務所を出た。辺りはすっかり夜になっている。

今夜はどこで寝たらいいのだろうか。頼ることができるとしたら、友人しかいない。だが、友人たちの多くは家族がいる。この殴られた顔でお邪魔したら、家族を驚かせてしまうかもしれない。そう思うと気が引けて、連絡することができなかった。

そのとき、ひとりの友人の顔が浮かんだ。名古屋に住む友人夫婦だ。2人とも古くから知っている親友で、子どもはいない。彼らだったら、私を受け入れてくれるかもしれない。

すがるような気持ちで電話をした。事情を説明すると、すぐにでも来いと言ってくれた。

私は東京駅発の深夜バスで、名古屋まで行った。一晩かかった。

明け方、店の前に着いた。まだ友人夫婦は眠っているだろう。近くのファミレスで、時間をつぶした。携帯電話は警察署で充電させてもらっていたので、まだ使えた。朝9時になったので、電話をした。夫婦は表まで私を迎えにきてくれた。ボロボロになった私の姿を見て、2人とも目を丸くしている。友人夫婦は1階で雑貨店を営んでおり、2階部分を住居にしていた。店が開く時間になったので、私は2階に上がった。2人は突然のお願いだったにもかかわらず、温かく迎えてくれた。

私は家を出て初めて安心することができた。山下はこの友人のことを知らないし、まさか名古屋まで逃げてきたとは思っていないだろう。夜は夫婦が私の話をよく聞いてくれた。

翌日、近くの大型スーパーに行き、当面の衣類を買い揃えた。少し痛みが引いたところで私も店番をしながら、しばらく滞在させてもらった。

訴訟を阻んだ黒のネットワーク

弁護士は忘れた頃になって、ようやく連絡してきた。

「一度、事務所に来てください」

裁判の始まりだった。上京して、事務所を訪れると弁護士は言った。

「まず相手方に無理難題を言いましょう。何か思いつきませんか？　叶いそうもないこと」

私は弁護士と相談し、「慰謝料3000万円、逗子マリーナの別荘を自宅として渡すこと」に決めた。この要求を裁判所に出すという。この時、私はこの行動を特に疑問に思わなかった。何しろ、弁護士が「良し」としたことだ。

一回目の裁判が行われた。私の要求は簡単に棄却された。この場合、即日控訴を弁護士は勧めるべきなのだが、この弁護士は「即日控訴」ができることや、その単語すら私に教えなかった。

「裁判終了なので、清算しましょう。55万円振り込んでください」とだけ言うのだ。私は釈然としなかったが言われる通りの弁護料を支払った。預金はますますギリギリになっていった。

なぜ裁判は失敗したのか。後日、弁護士の事務所を訪れるとその理由がわかった。

事務所の応接間に、山下が卒業した某私立大学の校章が入ったメモ帳があったのだ。

浜野社長は山下をかばい、弁護士に私の不利になるような弁護を命じたに違いない。弁護士の応接間には、カッター船で使う、その大学の校章が入ったオールが飾られていた。山下もカッター部出身なのだ。私は横でつながる黒いネットワークに戦慄した。

DV体験者からの救いの手

浜野社長は山下家と裏でつながっている。弁護士の件でそのことを思い知った私は、昔からの友人である真田さんに相談をしてみることにした。

「実は会社の元部下で、DV被害に遭って勝訴した女性がいる。今は独立して、仕事をしている。その人を紹介しよう。きっといい相談相手になってくれるはずだから」

その女性は、ヨシエさんといった。

私は、ヨシエさんと会う日取りを決めた。

「きっと暗い人に違いない」と思っていた。しかし、待ち合わせの場所に現れたのは、底抜けに明るく、元気で強い女性だった。

私は思わず聞いてしまった。

「ヨシエさんはどんな被害に遭われたんですか？」

「私ね、子供が3人いるの。小学生と中学生の男の子。前の旦那は子供たちの前で私を殴ったの。子供たちが、『パパやめてー！』って泣き叫んだわ」

その時の情景を思い出したのか、ヨシエさんの表情が曇った。

「でも、子どもたちは3人とも私立の学校に通っていたから、離婚なんかできなかった。子供たちのために、ぶたれても私さえ我慢すればいいんだから、と思ってたの。でもね、ある日、また旦那が襲ってきて、三男のチビが『パパやめろー！』って精一杯叫んで、おもちゃのバットで旦那の背中を力いっぱい叩きながらワンワン泣いててね。私、それ見たとき、『ああ、離婚した方が、この子たちは幸せになれる。こんな光景を見せてはいけないのに体験させている。この子達を連れて、早く逃げよう』って決心したわ。次の日、旦那が会社に行くと、学校に行って『祖父が危篤で……』と嘘をついて子供たちを早退させて、そのまま逃げ込んだのよ」

「……そうだったんですか」

私が言葉を失っていると、ヨシエさんはカラッと明るく切り返した。

「じゃ、今度はあなたの話を聞かせて」

これまでの経緯をかいつまんで話した。ヨシエさんの表情は真剣なものに変わった。

「大変じゃない！　すぐ私の担当をしてくれた弁護士を紹介するから、一緒に行きましょう。必ずあなたを助けます」

ヨシエさんと弁護士のもとに

それから四ツ谷にある法律事務所へ、初対面のヨシエさんと向かった。

事務所に入ると、女性弁護士の川村先生が対応してくれた。

先生は細かくメモをとりながら、私の話を辛抱強く聞いてくれた。

私が話を終えると、川村弁護士は大きく息を吐いた。

「は～あ、いいように騙されちゃったわね。即日控訴しないなんて、全然仕事をしてないじゃない。病院の診断書も提出したみたいだし、ハッキリ言って不利な状況ね。とにかく裁判をやりなおさなきゃ。さあ、いまから一緒に法テラスに行きましょう」

そういって川村弁護士は立ち上がった。

「法テラス」とはいったい何なのか。私が疑問に思っていると、川村弁護士が道中で簡単に説明してくれた。「法テラス」は訴訟費用がない人をサポートするために国が作ったシステムで、裁判費用を無利子で借りることができる場所だという。

法テラスでは、軽い面接を川村弁護士と面接官と行い、簡単に融資されることになった。

「これからどうするの？」

川村弁護士が尋ねてきた。

「ホテルを探します。しばらくはそこに滞在するつもりです」

これ以上、川村弁護士には迷惑をかけることはできない。川村弁護士はそれを聞くと、さっそうと引き上げていった。

東京に戻りホテルで生活

「ホテルを探します」

川村弁護士にそう言ったものの、どこに泊まったらいいのか、ホテルにあてはなかったし、お金もなかった。冬が近づき、肌寒くなった街の中をぶらぶらとさまよう。行き場がなく、まるでホームレスになったような気分だった。

知っているホテル……母とよく行った鶴見に、ビジネスホテルがあったはずだ。

すぐに京浜東北線に乗り、鶴見に向かった。

部屋に入ると安心した。

セキュリティがいいホテルだ。監視カメラも随所にあって死角がない。

しかし、ホテルも6日おきに宿泊代の請求が来る。

私は6日後、京浜急行で三崎口に行き、民宿に宿を変えた。

三崎口は静かだが、鶴見は人がたくさんいる。それが怖くて、ほとんど外に出られなかった。部屋は清潔で整然としているが、それがいっそう寂しく思えて、悲しくなる。私は友人たちが作ってくれたお守りや、励ましの手紙、本やＤＶＤ、小さな観葉植物を置くなどして、ホテルや民宿の部屋の中に自分の世界を作っていた。

ある日、川村弁護士から「山下が警察署で事情聴取を受けたようだ」との連絡があった。きっと何時間も拘束され、事情聴取されたに違いない。会社はどうなったのだろうか。クビになればいいと思った。悔しかったのだ。

私は山下には何より社会的制裁を与えたかった。結婚がこんな形で壊れてしまって悲しかったが、それ以上に山下に対する怒りがあった。

私は山下が逮捕されることを望んでいた。しかし、警察沙汰になったことで、山下が怒り、私を探して追ってくるような気がした。今度こそ殺されるのではないか。私は山下の影に怯えるようになった。

川村弁護士のアドバイス

12月になり、肌寒くなってきた頃、川村弁護士の事務所に裁判の打ち合わせに行った。打ち合わせが終わりに近づいた時、「いまはどうしているのか?」と近況を聞かれた。

「今は、ホテルに宿泊しています」と説明すると、川村弁護士の顔色が曇った。

「それじゃ、お金がかかってしょうがないじゃないの。誰か頼れる人はいないの?」

「頼れる家族や友人はいません」

「そんなところにいたら、あっという間に散財するわよ。だったら仕方がないわね。事情を説明しておくから、この事務所から一番近い麹町署に行きなさい。顔色が悪いわね。病院も紹介するから、そっちにも行きなさい」

「警察ですか? それに病院?」

どうして警察に行かねばならないのか、私は急に不安になった。辛かった警察での事情聴取が思い出されて、胸の辺りが苦しくなった。そんな私の心中を察したのか、川村弁護士は優しく声をかけてくれた。

「別に心配しなくていいのよ。警察はあなたを保護してくれるんだから。それに、その後の裁判のためにもいいのよ。私から、あなたを保護してくれるように頼んでおくわ」

荷物を整理すると、まずは紹介された世田谷の病院に向かった。

小さな精神科の病院だった。私はそれまで精神科を受診した経験がなかった。おそるおそる中に入ると、清潔感のある待合室と受付があった。

受付を済ませてソファに腰を下ろす。待合室にいる他の患者たちは、精神科に通っていると思えないほど、普通の人たちばかりだった。

名前を呼ばれたので診察室に入った。どんな医師が待ち構えているのか。精神科というと怖いイメージがあったが、優しそうな女性の先生だった。

「どうぞお入りください」

先生は笑顔で迎えてくれた。近所の世話好きな奥さんのような、柔らかい雰囲気があった。白衣は着ておらず、私服だった。飾らない性格のようで、シンプルでありながら趣味のよい服を着ていた。

先生は私の話を1時間きっちり静かに聞いてくれた。

処方箋が出たので薬局に行き、精神安定剤と睡眠薬をもらった。

処方されたのは、どちらも2錠程度だった。

それから「病院が終わりました。今から、麹町署に行きます」と一言、川村弁護士に電話連絡を入れて麹町署に向かった。

警察車両で護送される

麹町署は川村弁護士の事務所から目と鼻の先にあった。

正直、警察に行くのは嫌だった。

きっと警察に行けば、これまでのことを根掘り葉掘り聞かれるだろう。いまは山下との生活のことは思い出したくもない。それに警察に行けば、ますます大事になるような気がした。私は落ち着いた暮らしを取り戻したかった。

教えられた道順にそって歩いて行くと、麹町署の茶色いレンガ調の建物が見えてきた。

入口で門番をしている警察官に「どちらへの御用ですか?」と聞かれた。

私は「山下と申します。川村弁護士から麹町署に行くよう言われてきました」とだけ言った。

「係の者を呼びます。ここでお待ち下さい」

門番の警察官はそう言うと、どこかに電話をかけた。内線で私が到着したことを連絡しているのだろう。それからしばらくして、廊下の向こうから2人の男性刑事がやってきた。

「山下さんですね?」

年輩の刑事が声をかけてきた。私がうなずくと、警察署の中に通された。

どこかの部屋で事情を聞かれるのかと思ったが、刑事たちは足を止めず、署内を進んでいく。

「生命があってよかったですね。殺されるところでしたよ」

刑事は歩きながら、無表情に言った。

「これからどこにいくんですか？」と私は聞いた。

「シェルターです。そこであなたを保護します」

「シェルター？」

私はこのとき、シェルターのことをまだ知らなかった。

シェルターとは配偶者や恋人などから暴力を受けた女性を一時的に保護する施設のことだ。シェルターには自治体が運営する公的なシェルターと、民間団体が運営する民間シェルターの2種類がある。DV加害者につきまとわれる可能性があるので、場所は非公表。その存在は謎に包まれている。

駐車場についた。ライトバンが一台停まっていた。

「こちらに乗ってください」

刑事がバンの後部座席のドアを開けた。後部座席の左右、そして後方の窓には外から覗けないようにするためか、カーテンがかけられていた。刑事たちは運転席と助手席に座った。

「それでは出発します」

そういうと運転席と後部座席の間にカーテンを引いた。これで前後左右、カーテンで仕切られたことになった。外はまったく見えない。

車が発進した。

バンはゆっくりと走る。角を左や右に数えきれないほど曲がった。

麹町近辺はまったく土地勘がなかった。どこを走っているのか、すぐにわからなくなった。もうずいぶん長い間走っている。都心を抜けたのかすらもわからない。ただ、高速道路は使っていないことだけはわかった。なぜそれがわかったのかというと、バンが信号待ちのためか、しょっちゅう一時停止をしたからだ。走り出すとすぐに右折、左折している。

どこを走っているのだろうか。

私は窓に手をやった。窓枠には横向きに鉄格子がついていた。犯人の護送に使われる、テレビでよく見るあのバンだ。カーテンは閉め切られており、窓は中から開けることはできない。

私は諦めて、座席に身を沈めた。

相変わらずバンは一時停止を繰り返し、右や左に曲がっている。都内でこんなに曲がるようなエリアなんてあるのだろうか。まるで尾行をまこうとするような走り方だった。

到着したのは白亜の建物

40分ほど走ったところで、バンが停車した。

「着きました。下りてください」

バンを降りると、目の前に図書館のような白いタイル張りの建物があった。3階建ての大きな建物だ。周囲は完全な住宅街で、人や車の往来は少ない。家々の向こうに高層ビル街が見えた。どうやら都内であることは間違いないようだが、ここはいったいどこなのだろうか。

もう一度、白い建物に目を向ける。シェルターであることを示す看板などは一切出ていない。情報がまったくない、白い建物があるだけだった。

刑事はバンを路上駐車すると、私を連れて建物の裏口らしきところに向かった。

裏口にはインターホンがあり、監視カメラがついていた。門の扉は大きなツルッとしたステンレス製で、なかを覗くことも、よじ登ることもできないようになっていた。

刑事がインターホンを押すと、「はい」という女性の声がした。

「麹町署の者です」

刑事が言うと、「ガチャリ」と音がして、重そうなステンレスの扉が解錠された。刑事と一緒にその門を潜る。建物に沿って角を曲がる。死角のようなところに、またテレビ付インターホンがあった。刑事がインターホンを押すと、しばらくして女性が現れた。女性は50歳くらいだろうか、私服で化粧もしていたが地味な印象の女性だった。

「どうぞ、こちらに」

その女性の案内を受けて、建物に入った。廊下を4人で無言で歩く。

すると、防火扉のような大きく頑丈な扉が現れた。女性は鍵を持っていて、それを開けた。刑事と私が中に入ると、女性は扉の鍵を閉めた。扉を入ってすぐのところに警備員室があった。警備員は無反応だった。

薄暗い階段を刑事たちと上がる。階段の先には、学校で見かけるような下駄箱ロッカーがあり、女性職員に「ここで靴を脱いでください」と言われた。

靴を脱ぐと、刑務所で受刑者が履かされるようなピンク色のビニールサンダルを手渡された。新品ではなく使い古しで、ガムテープが貼ってあり、その上に「17」と書かれてあった。

さらに階段を上がり、3階部分に向かう。3階はそれまでとうってかわって、ひらけたフロアになっていた。とても静かだったが、どこかから微かに子どもの声が聞こえてきた。

階段の正面には、救急病院の夜間受付のような小さなガラスの引き戸があった。

「おつかれさまでした」

ここまで案内してきた女性職員が刑事に声をかけた。刑事たちは何も言わず、別の女性職員に連れられて帰っていた。

ここに到着するまで、いったいいくつの監視カメラがあっただろうか。そして何重にもカギがかかった厳重な扉……。

これから私はどうなってしまうのか。不安はますます募るのだった。

カウンセリングの最中にDVを追体験

刑事たちが帰ると、女性職員は「カウンセリングルーム」と書かれた部屋に私を通した。テーブルやイスがあるだけの、シンプルな部屋だったが、蛍光灯がやたらと眩しかった。

「かけてお待ち下さい」

そう言うと、女性職員は部屋を出ていった。

イスに座ってしばらく待っていると、案内役の職員とは別の女性職員がノートパソコンを抱えて戻ってきた。

「たいへんでしたね。お身体でどこか痛いところはありませんか？　おケガはどうですか？ちゃんと眠れていますか？」

女性職員はパソコンの準備をしながら質問してきた。その口調は、まるで子どもに言い聞かせるようにゆっくりとした口調だった。私はバカにされているような気分になって、早口に「眠れない」とだけ言った。

この職員もやはり私服だったが、とても地味な服装をしていた。年齢は40、50代だろう。

「では、お話を聞かせてください。言いたくないことは言わなくてもいいですからね。まず、ご主人と知り合ったところから教えてください」

私は山下との馴れ初めから、今日までのことをすべて話した。

部屋はとても静かで、私の話し声以外、パソコンのキーボードを叩く音がカタカタ鳴っているだけだった。

山下の家庭内暴力について話をしているとき、ふいに恐怖心がこみ上げてきた。

ここには山下がいるわけはないのに、あの恐ろしい表情でドアを蹴破って入ってくるような気がした。妄想を必死に振り払おうとしたが、山下の顔が浮かんで消えない。身体が自然と震え出した。そんな自分が情けなくなって、涙が溢れた。

「つらかったですね。よくがんばりましたね。もう安心していいんですよ」

女性職員がやさしく言いながら、ティッシュを渡してくれた。

カウンセリングの中では、きつい質問もあった。

「性的な暴力はありませんでしたか？　ご夫婦の性生活はどんなものでしたか？」

そんなことも聞いてきたのだ。

寝室を別にしていたこともあってか、私と山下の間には、不自然なほど夫婦生活が無かった。結婚当初はなぜ山下は私に触れないのか不思議だった。が、後に山下のコレクションを見つけて合点がいった。山下はソープランド通いが趣味だった。自分から誘うことを知らないようだった。

このカウンセリングで、私は洗いざらいすべてを話した。

私は3時間以上も話し続けた。

DV体験を話しているうちに、封印していた記憶が生々しくよみがえってきた。殴られていたときと同じ惨めな気持ちになった。私は話しながらDVを追体験していたのだ。

警察に調書を取られたときも、同じことを何度も聞かれて嫌な気持ちになった。このことはその後の精神状態に悪影響を及ぼすきっかけになった。いわゆるPTSDのはじまりだった。

カウンセリングの最後に、女性職員は厳しい顔でこう言った。

「ここにいる間は、家族や親しい友人を含めて、誰とも連絡をとってはいけません。もちろん、ご主人とは絶対に、です。あなたの居場所を誰にも知られてはいけません。電話は弁護士との連絡、病院とのやりとりだけにしてください。ここにいることは誰にも知らせないでください。あなたのためです」

私には、私のことを気にかけてくれている友人たちがいた。

彼らは私が急に連絡がつかなくなったことをどう思うだろうか。

連絡をとることができないということは、社会から隔離されることを意味していた。

「私はこの社会に存在してはいけないのではないか」

そう考えると、やりきれない不安で一杯になった。

知られざるシェルターの内部

カウンセリングを終えて、部屋を出た。

私は落ち着きを取り戻し、周囲を観察する余裕が生まれてきた。

フロアには幅広い一本の廊下が走っており、その両側に部屋がいくつも配置してあった。部屋はドアで閉じられており、中には人の気配がしたが、ほとんど声は聞こえなかった。

施設の清掃は隅々まで行き届いており、清潔だった。まるで入院病棟のようだと思った。

女性職員に施設内を案内してもらった。

幅の広い廊下の真ん中に、浴室とトイレ、洗面所、洗濯室があった。

廊下の奥には、小学校の教室を2つ並べたくらいの大きさの食堂と厨房があり、その反対側の突き当りに喫煙室があった。喫煙室にはテレビが備え付けてあり、自由に観ることができた。

両側の部屋の並んだところの中央には、職員室とカウンセリングルームがあり、その反対側に防火扉のような扉があり、さきほど私が上がってきた階段があった。階段は大きなビルの非常階段のように広かった。その他、緑のテレホンカードが使える公衆電話が1台置かれていた。主な設備はそれだけだった。

シェルターは建物の3階部分だけで、3階から他の階へは自由に出入りすることはできなかった。外部との通信手段は、自分と携帯電話と公衆電話だけだった。

2階と1階は、何に使われているのか、最後までわからなかった。

施設の見学を終えた後、またカウンセリングルームに戻った。

女性職員は私を安心させようとしたのか、シェルターがいかに安全であるかについてひとしきり説明した。話し終えると、職員はそのまま待っているようにと言って席を立った。しばらくすると、職員はピンク色の半袖のポロシャツとベージュのズボンを持って戻ってきた。部屋でそれに着替えるように指示された。

部屋を出ようとすると、女性職員が思い出したように言った。

「携帯電話はお預かりする規則になっています。携帯電話を渡してください」

「それでは弁護士とのやりとりができません」

「声をかけてくだされば、いつでもお返しします。自由に使えますよ」

携帯電話を没収されるのは心細かった。しかし、規則というならば仕方がない。ナイロンのボストンバッグから携帯電話を取り出して職員に渡した。

「では、お部屋にご案内します」

職員について歩くと、広い廊下に面したドアのひとつの前で止まった。

廊下を挟んで並ぶ部屋は、全部収容者の居室だったのだ。

部屋の広さは6畳程度で、それが長い廊下沿いにずらりと並んでいる。片側一列に7部屋程度、合計14部屋はあるだろうか。原則として相部屋で、1部屋2名が収容される。入所者には子連れもいるので、このフロアにはざっと30人程度がいる計算になる。

部屋に入ると、すでに入所者がいた。

派手な印象の若い女性で、熱心に化粧落としに励んでいる。頭を下げて挨拶をすると、手を止めてこちらを見た。日本人ではない。フィリピン人かタイ人だろう。

部屋の両端には、シングルベッドがひとつずつ置いてあった。

ベッドは学生がアパートで使うようなタイプのもので、木製で高さがあまりなかった。ベッド間の距離はかなり狭く、ひとり通るのがやっとというほどだった。そのベッドの上に、マットレスがあり、掛け布団と毛布、枕があった。カバー類はどこかのバザーでかき集めてきたようにバラバラだった。

天井には古いスタイルの、昭和を思わせる蛍光灯がついていた。壁の一面には4センチ程度しか開かない窓があり、カーテンがかかっていた。壁際には私物を入れておくロッカーが2つあった。

その他、備品らしいものといえば、部屋の入り口に湯沸かしポットとメラミン製の湯飲みがあるだけだった。ポットには白湯が入っており、毎朝、共有部分の掃除にくる60歳くらいの女性が新しいお湯と交換してくれた。

病院でもなければ、刑務所でもない。

見たことも聞いたこともない、異様な空間だった。

今日からあなたは17番です

私がベッドに腰掛けて一息ついていると、職員に表に呼び出された。

「これから山下さんのことは、17番と呼びます。ご主人の苗字で呼ばれるのは嫌でしょうし、お名前を呼ぶことで個人情報が漏れるのは好ましくないからです。お名前は他の入所者にも教えないようにしてください。プライベートに関することは、なにも話さない方がいいでしょう」

17番……。サンダルに書いてある番号と同じだ。

番号で呼ばれるなんて、まるで囚人になったような気分だが、暴力夫の名前で呼ばれるよりはずっとマシだと思った。

「17番さん。これはロッカーのカギです」

職員はそういって小さなカギを渡してくれた。銭湯のロッカーのカギのように、手首に巻くためのベルトがついていた。

「カギは絶対に落とさないように、手首に巻いておいてください。それから……」

急に小声になる。

「ブランド物や指輪のような、高価なものは持っていませんか？　もし持ってきているなら、他の入所者の目につかないように管理してください。なくなったとしても責任はとれません」

入所者の中には、着の身着のまま逃げ出してきたような人もいる。経済的に苦境に陥っている人も多い。換金できるブランド品や指輪は、盗まれやすいということなのだろう。

部屋に戻ってロッカーを開けてみた。

中は空っぽで、針金のハンガーが3つかかっているだけだった。

私は着てきた服を脱ぐと、ピンクのポロシャツとベージュのズボンに着替えた。

ポロシャツは2枚支給された。これは入所者の規定の服装のようで、同室の女性も同じ服を着ていた。その他、タオルと歯ブラシも支給された。

私は持ってきたナイロンバッグから睡眠薬と精神安定剤、コンタクトレンズ、タバコを取り出すと、ロッカーにカギをかけた。

クスリは職員に渡した。クスリは時間になると規定の分量を渡してくれるということだった。服薬時間になると、職員とやりとりをする小窓からクスリを裸の状態でもらい、小窓の脇にあるポットから水を紙コップに取り、職員の前で薬を飲むのだ。クスリは部屋で飲むことは許されなかった。きっとクスリを貯め込んで、良からぬことを考える人がいるからだろう。

同室女性の相談

今日は色々なことがありすぎた1日だった。

警察署を訪れたかと思えば、目隠しをされたライトバンで街中を走り、いつのまにか17番となって謎の施設に収容されている。

私はどっと疲れて、ベッドに座り込んだ。

「こんにちは」

外国人特有のイントネーションが聞こえた。顔を上げると、同室の女性がこちらを見ている。

「こんにちは」

慌てて私も返す。急に声を出したので、声がしゃがれているような気がした。

同室の女性は誰かと話したかったのか、頼んでもいないのに自分の身の上話を始めた。

彼女はタイの出身で、日本人男性に誘われて日本にやってきたという。しかし、そのパートナーから激しい暴力を受けたため、ここに逃げてきたのだそうだ。たしかに彼女の二の腕には、ひどい青あざがついていた。

「ビザが無い……どうしたらいい？」

「お金を貸してほしい。少しだけネ」

「携帯電話を貸して。ちょっとでいい」

彼女はよほど困っているのか、出会ったばかりだというのに色々と要求してきた。

力になってあげたかったが、携帯電話の貸し借りは職員から固く禁じられていた。また、お金を貸したところで返してくれるとは思えなかった。

私はまだ環境の変化に適応できておらず、自分のことで精一杯だった。精神状態は最悪で、現実感がなく、いまはただ静かに休みたかった。

ひたすら話し続ける彼女を残して部屋を出ると、私は職員室の小窓に行って睡眠薬を出してもらった。そしてそれを飲むと、部屋に戻ってベッドに横になった。壁側を向いて布団を被る。

彼女はそれを見て、ようやく静かになった。

シェルターのタイムスケジュール

ここでシェルターの暮らしに触れておこうと思う。

シェルターでは大まかなタイムスケジュールのもとで1日が進んだ。

私が入所していたとき、施設では明確な起床時間や消灯時間は決まっていなかった。

朝食は午前8時、食堂に用意されている。

入所者の多くが精神科に通院していて、なにかしらのクスリを処方されていた。睡眠薬を飲んでいる場合が多いので、朝はまだクスリが効いており、そう簡単に起きることはできない。

そのため、朝食は起きることができた人が食べるという感じだった。

昼食は12時、夕食は19時だった。この昼食と夕食の間に、入浴をしたり、洗濯をしたりする。弁護士との打ち合わせ、病院で診察を受ける場合は、この間に外出することになる。

夕食後は眠りたい時間（だいたい21時頃まで）に職員のいる小窓に行って、睡眠薬をもらって眠る。これだけだ。

することがないので、ぼんやりとしている時間が長い。しかし、現実を直視することができないほど精神が衰弱しているので、時間はあっという間に過ぎていった。

消灯は各部屋で各々がする。だから、起きている方が最終的に部屋の電気を消す。そして寝るのだ。だいたい21時頃には各部屋の扉は閉まっていた。

シェルターでの食事風景

シェルターでの食事についても書いておこう。

食事の時間になると、各部屋から入所者が食堂に集まってくる。食堂に入るとまず2枚に重ねられたプラスチック札を取る。プラスチック札には番号が振ってあるので、自分の番号と同じものを選ぶようにする。

札をとったら、配膳に並ぶ。順番がくると番号札と引き換えに、食事が載ったアルミ製のトレーを渡される。食事を受け取ったら、自分の番号が書いてある席に座る。食卓は6人掛けの長方形のテーブルで、隣の食事相手は毎回変わった。

私語は禁じられていないが、話す人はほとんどいなかった。

お揃いのピンクのポロシャツ。ビニールサンダル。

会話のない、殺風景な食事だった。

みな黙々と食べて、食べ終わるとトレーごと食器を戻しにいく。それで終わりだ。

ただし、その際、箸の数が2本あるかどうか数えられる。自傷行為防止だろうと思われる。

食器も、割れないメラミン製か、アルミ製だった。

献立は麦飯、たくわん2枚、具のほとんど無い味噌汁、小鉢（ひじき、うの花、おひたしなど）。

それに、おかずが一皿（アジの南蛮漬けや、八宝菜、チキンソテー、焼き魚、麻婆豆腐など）

ということが多かった。ご飯はおかわりすることもできたが、残す人が圧倒的に多かった。私自身も食欲がわかず、いつも半分以上残してしまったが、味は悪くなかった。

ちなみにシェルターでは飲酒は禁止されており、酒類を持ち込むことはできなかった。入所中は外部での飲酒も許されなかった。弁護士との打ち合わせと言って外出した際、飲酒して泥酔することも考えられる。アルコール依存症になる被害女性もいるからだ。

子ども連れの入所者は、子ども用のイスに子どもを座らせ、離乳食やミルク、幼児食などを食べさせることができた。食堂で声を発しているのは、ほとんど子連れの入所者だけだった。

みなさんの税金のおかげです

そんな食事中、一度だけ変わった出来事があった。

食事の前に職員が入所者にA4のコピー紙を半分に切ったくらいの紙を渡し、そこに書いてあることを全員で読めというのだ。

職員が音頭をとって唱和させられる。

「東京都のみなさん、今日も温かいベッドと食事をありがとうございます。みなさんの税金のお陰です」

毎回こんなことがあったわけではない。なぜかこの日だけは唱和させられたのだ。

私はこれまでちゃんと税金を納めてきた。

どうしてこんなことを言わされてまで、食事を与えられなければならないのか。強い憤りを覚えた。私は唱和が終わると勢いよく席を立ち、アルミのトレーを残飯を入れるバケツの中にまるごと放り込んだ。

唱和の途中で、斜め前の品の良い年輩女性は泣き出した。やはり屈辱的だったのだ。

洗濯室はつねに稼働

シェルターでの生活では、洗濯は入所者各自で行う決まりだった。

洗濯室があるので、そこで下着や支給されたピンクのポロシャツ、タオルなどを洗うのだ。

洗濯室は6畳ほどの広さがある部屋で、風呂場の隣にあっていつでも使うことができた。全自動洗濯機が4台置かれており、洗濯ラックのうえに設置する古いタイプの乾燥機も5台あった。洗濯機よりも乾燥機の数が多いのは、シェルターでは洗濯物を外に干すことができなかったからだろう。

洗剤は液体のものが置いてあった。柔軟剤はなかった。

抑うつ状態で何も手につかなかった私だったが、洗濯だけはマメにした。下着の替えをあまり持ってきていなかったので、洗濯せざるを得なかったのだ。他の入所者も似たような事情だったらしく、洗濯機や乾燥機は常に稼働していた。

ちなみに各部屋の掃除は、入所者が行うことになっていた。別に強制はされなかったが、同室の者で適当に分担してやっていた。

6畳の狭い部屋の両脇に置かれたシングルベッド。その間の、細い通路を部屋に掛かっている箒で廊下に掃いておけば、昼間に外部からやってくる清掃員の女性が掃除をしてくれた。

もっとも部屋はほとんど汚れることはなかった。

私物はロッカーに常にしまっていたし、部屋にいる間はずっとベッドの上にいたからだ。ゴミといってもせいぜい落ちた髪の毛ぐらいのものだった。

ケガの博覧会状態だった風呂場

風呂は、2日に一度。時間が決められていて、その時間内に適当に入ればよかった。浴槽は大人が4人程度は入れる大きさがあって、洗い場は5つほどあった。

シャンプー、コンディショナー、石鹸は入所者全員が使えるように、洗い場にあらかじめ置いてあった。

混み合って入れないときは、脱衣所のプラスチックのカゴにバスタオルを入れておいて、いったん部屋に戻って待つ。これは誰に教わったわけでもなかったが、不思議と入所者全員がやっていたので、私もなんとなく覚えたのだった。

驚いたのが、入所者たちのケガや傷の多さだった。

風呂に入るときは、当たり前だが裸になる。そうすると他の入所者の身体のアザや傷が嫌でも目に入ってきた。

無事な方の手でぎこちなく身体を洗う、片手の手首に包帯を巻きつけた中年女性。

ふとももにアイロンの形の火傷跡がついた女性もいた。

シェルターでは誰も傷を隠そうとしない。入所者たちの受けてきた暴力が生々しく感じられ、傷を直視することができなかった。

私も背中に大きな擦過傷を負っていた。階段から蹴り落とされ、転げ落ちたときについたものだ。背中の擦過傷は時間を経て、だんだら模様になっていた。

殴られた人は、顔や身体がアザで変色していた。黄色いアザは時間が経ったもの。青いアザは殴られて間もないもの。友禅模様のように黄色から紫、黒、青など、まだらな肌色をしている女性もいた。

DVに苦しんでいる人は、こんなにもいたのか。

私は風呂に入るたびに、その被害者の多さに驚かされることになった。

心の拠り所だった喫煙室

楽しみのないシェルターの生活の中で、唯一の娯楽と言ってもいいのが喫煙室だった。

喫煙室にはテレビがあり、自由に観ることができた。マンガ本もたくさん置いてあったので、暇つぶしにくる入所者は多かった。

シェルター内では自室での喫煙は禁じられており、タバコを吸えるのはこの喫煙室だけだった。私もタバコを吸うので、喫煙室にしょっちゅう出入りしていた。

タバコを吸うことでリラックスしているのか、喫煙室では比較的穏やかな空気が流れており、入所者同士が会話をすることもあった。私自身は積極的に会話に加わることはなかったが、喫煙室にいれば自然と会話が耳に入ってくる。

「都のシェルターは期限が決まっているけれど、民間のシェルターもあるのよ。そっちは家賃と食費をほんの少し入れると入所できるんだけど、もっと自由でいいわよ」

「お風呂は早く入った方がいいわよ。ドライヤーが2台しかないから」

会話の内容はシェルターでの生活上の知恵など多岐にわたった。

おもしろかったのが、職員がきたときだった。別に会話は禁じられていなかったが、女性職員が喫煙室にくると、みなまるで秘密の話でもしていたかのように小声になって、「じゃあ、またね」と自分の部屋に消えていくのだ。

喫煙室の中は、タバコのヤニで黄色くなっていた。

灰皿は建設現場で使うような、パイプ足のついた赤い大きな缶の灰皿だった。

4人がけの小ぶりなダイニングテーブルが2つあって、5人がけくらいのソファが1つあった。常に2人以上はタバコを吸っていた。

喫煙室には窓があったが、遮光フィルムがぴっちりと貼られており、外の様子をうかがいしることはできなかった。昼なのか、夜なのかわからないほどだった。

人気の番組、不人気の番組

入所女性の半数位は、裁判書類など膨大な書類を目に通さねばならない状況にあり、どの人も活字には疲れていたようだった。そのため、本ではなくマンガを読む人が多かった。マンガに神経を取られていると、一時的に現実逃避できる。喫煙室には色々なマンガが手垢にまみれて置いてあった。４コママンガのような単純なものが人気のようだったが、あまり読まれないものもあった。

その代表的なものが、『サザエさん』だった。『サザエさん』はたくさん置いてあったが、ほとんど読まれた様子はなかった。このマンガが描くのは、日本の平均的な一般家庭。読んでいると自分の置かれた境遇との差を痛感し、気分が悪くなるからだろう。

実際、私も『サザエさん』は苦手だった。一家の平凡だが幸せな生活を見ていると、うらやましくて堪らなくなった。自分がひどく惨めに感じられて、落ち込んでしまうのだ。

マンガ以外ではテレビも人気だった。タバコを吸わない人もテレビを観るために喫煙室にやってきた。ただ、テレビならなんでもいいわけではなく、番組によって人気・不人気があった。

たとえば、人気があったのが『笑点』だった。

あのおなじみのテーマ曲が流れると、タバコを吸わない人たちもテレビの前に集まった。ただし、笑い声はテレビの中だけ。番組を観て笑う人は誰もおらず、みな無言で眺めている。

一方、人気がなかったのが『アンパンマン』だった。

『アンパンマン』というと、正義の味方のアンパンマンが悪者のバイキンマンをやっつけるという、ほのぼのとしたアニメだ。だが、DVの被害を受けた入所者の目には、アンパンチでバイキンマンを殴る暴力アニメに見えた。殴ることでヒーローになる『アンパンマン』がはじまると、テレビのチャンネルを変えたり、その場を去ったりした。入所者は些細な暴力シーンにも敏感に反応した。子ども向けの番組でも同じだった。

不人気番組のワーストワンは、なんといってもワイドショーだった。

ワイドショーではしょっちゅう殺人事件を特集している。それを見ていると、「自分が殺されて、ワイドショーのネタになっていたかもしれない」と考えてしまい、気分が落ち込むのだ。

また、芸能人や有名人の婚約・結婚発表などもまともに観られなかった。

夫の暴力から逃れてきている人は、一度はワイドショーの画面の中の人物のように、幸せ満開の時期も経験しているからだ。人の幸せを見ると、一層、己が惨めに感じられた。

落ち込んだと言えば、毎日夕方の5時に外の防災無線から町中に流れる「夕焼け小焼け」は嫌だった。あの物悲しい曲を聴いていると、悲しくなり、気持ちが暗くなる。

「お手々つないで、みな帰ろ……」

シェルターにいるのは、帰るところなんてない女性ばかりだ。

私も切なくなって、たまらなかった。本当に止めてほしかった。入所者たちはみな「夕焼け小焼け」を聞いて途方に暮れていたのだ。

恐怖に震えた外出日

シェルターでは、外出は必要最低限度しか認められなかった。私はシェルターに入っている間、3、4回外出をしたが、弁護士との打ち合わせか、病院での診察に限られた。

外出をするときは、シェルターの職員に許可をもらう。

行き先の名称と住所、電話番号を書いて、所要時間のおおまかな目安を伝える。帰りが少しでも遅くなる場合は、直通電話に連絡をしなければならなかった。

シェルター側からは、絶対に自宅に戻らないように口を酸っぱくして言われていた。外出中に親しい友人などに連絡をとらないようにとも言われた。街なかで暴力夫に遭遇するかもしれないし、親しい友人から夫に居場所がバレることもある。シェルター側はパートナーによる連れ去りを警戒していたのだ。

外出の許可が出たら、着替えをし、職員のいる小さな窓に行って行き先などを書いたメモを渡す。すると職員からシェルターの住所と電話番号が書かれたメモを渡された。そこで私は初めてシェルターがある場所を知った。

帰ってくると、いくえにも施錠された扉を開けてもらう。慎重に用心深く、暴力夫のつきまといがないか確認をしながらシェルターに戻る。

戻ったら、シェルターの住所と電話番号が書かれたメモは返却しなければならなかった。そのため、シェルターの正確な住所や電話番号は覚えていない。

外出は閉鎖的なシェルターを出ることができる、唯一の機会だった。弁護士事務所や病院の行き帰りには、タバコなどの日用品を購入することもできたのは嬉しかった。

だが、私は外に出るのが怖かった。

もしかしたら、どこかに山下がいるのではないか。バッタリ顔を合わせてしまうのではないか……、街でスーツ姿の男性や白髪交じりの男性を見かけると、手のひらに汗が噴き出て、動悸も呼吸も速くなった。とにかく人混みが怖いのだ。また、突き落とされたせいもあってか、階段も恐ろしかった。例えるなら高所恐怖症の人をバンジージャンプの台につれていき、片足で立たせるようなものだろうか。足がすくんでしまい、登り降りをするのが辛かった。

バスや電車などの公共交通機関も恐怖の対象だった。ひょっとしたら、山下も乗り合わせているのではないかと怯えてしまう。ＤＶは私の精神も確実に蝕んでいたのだ。

第三章　ＤＶシェルターの女たち

沈黙とすすり泣きが支配する特殊な世界

シェルターの内部は常に静かで、話し声はほとんど聞こえない。入所者や職員はみな必要最低限の言葉しか交わさないのだ。喫煙室にはどんどん話しかけてくるような人もいたが、私は上の空だった。

廊下に立つとシーンとしており、どこかの部屋から子どもの声がした。明るい声ではない。状況が状況だからか、子どもたちも情緒不安定になっており、火がついたように泣きわめいている。それに続いて、母親がヒステリックに叱る声が聞こえてくる。別の部屋からは時々すすり泣く声が聞こえてきた。

みんなどうしていいのかわからないのだろう。不安でたまらないのだ。先がまったく見えないことは、入所者全員に共通していることだった。

部屋は常にほぼ満室で、シェルターは24時間体制で入所者の受け入れをしていた。朝になると、食堂に見知らぬ新入りさんがいたり、ある日誰かがいなくなったりした。

シェルターに入所している女性の年齢層は、若い女性からお年寄りまで幅広かった。未成年者はいなかった。未成年者の場合は暴力を受けたりすると、児童相談所に保護されるのだろう。

一番多かったのは、やはり既婚者だった。

年齢にすると20代から60代だろうか。推測するに、大部分の人が数年はパートナーからの暴力に耐えてきたのだろう。全員が離婚を覚悟しているようだった。シェルターというのは、そもそもそういう場所だ。もはや話し合いなどではどうすることもできなくなって、みな最終的にここに辿り着いたのだ。

私がいた当時、シェルターの入所期間は、2週間と決められていた。

その間、私はシェルターの中で様々な人を見た。

この章では特に印象に残った人々について記そうと思う。

ブランド品を見つめる鋭い視線

シェルターの入所者には様々な年齢や境遇の人がいたが、ひとつ共通していることがあった。

それはみんな経済的な問題を抱えている、ということだ。

入所者たちは着の身着のままの状態で逃げてきているので、お金をあまり持ち合わせていなかった。専業主婦で仕事をしておらず、個人的な収入がない人も多かった。肉体的な暴力だけでなく、生活費を渡してもらえないという経済的ＤＶを受けているケースもあった。みんなお金に困っていたのだ。

そのため、金銭にまつわる話はよく喫煙室でも話題に上っていた。

さきほども述べたが、シェルターで保護してもらえる期間は、たったの2週間だけだ。

その期間が過ぎたら、自分の居場所は自分で確保しなければならない。家を借りるのにも、ホテルに泊まるのにもお金は必要だ。

「どこかでお金が借りられないかな」

「○○（消費者金融会社）だったら、審査がゆるいから大丈夫よ」

喫煙室ではそんな生々しい会話がよく交わされていた。

ある入所者の話によると、シェルター内では盗みもあるということだった。ブランド品や貴金属など、換金できそうなものが狙われるというのだ。

実際、目立つブランド品を持っていると、異様に注目された。小さなストラップ程度の小物でも冷や汗が出るほど視線を集めた。

裕福そうな入所者は他の入所者からイジメられることもあった。

「あの人、お金持ちみたいだよ」

高そうなものを持っていると、情報が自然と回る。「うらやましい」という思いがやっかみに変わり、八つ当たりされるのだ。

ある日、喫煙室で取っ組み合いのケンカがあった。

私が喫煙室に行ったときには、すでにケンカが始まっていたので原因はわからない。だが、入所者はみなイライラしていたので、きっと些細なことだろう。

普段はおとなしい2人が鬼のような形相で奇声を発しながら、互いに髪を引っ張り合い、顔を叩き合っている。メガネは叩かれた衝撃でグニャリと歪み、サンダルが部屋の隅の方に飛んで行く。掴み合ったまま、2人はもつれるようにして壁に突進した。壁際にあった本棚が大きな音を立てて崩れた。すさまじいケンカだった。

女性職員が割って入ったが、ケンカはなかなか収まらない。喫煙室のテーブルやイスは、危ないので部屋の片方に寄せられた。

結局、2人は職員に力ずくで引き離され、別々に連れていかれた。

肉体的な痛み、精神的な傷、経済的な問題、シェルターを出た後の生活、離婚を巡る裁判……、入所者たちは様々な不安に苛まれており、ギリギリの精神状態にある。

ぶつけようのないイライラが常に入所者の間に蔓延していたのだ。

日本人男に騙されたタイ人女性

同室の入所者が外国人だとわかったとき、私は外国人でもシェルターに保護されるのだと驚いた。

彼女は20代中頃だと思われたが、小柄でかわいらしい顔つきをしていたので、年齢よりももっと若く見えた。

「ワタシね、前はバンコクのタニヤのカラオケバーにいた。その前はゴーゴーでも働いていた」

タニヤというのは、タイの首都バンコクにある通りの名前だ。日本人向けのレストランや居酒屋、カラオケバーなどが軒を連ね、日本人在住者や男性旅行客で賑わっているのだそうだ。

「ゴーゴーってなに？」

「音楽が鳴っていて、ビキニを着てステージで踊る。お客さんに指名されたら、一緒にお酒を飲む。シャチョウさん、たくさん来るネ」

なんだかよくわからなかったが、夜のお店らしい。

「どうして日本にきたの？」

「ヤナイさんというシャチョウさんに呼ばれた。ずっと年上だったけど、結婚して日本で暮らそうって言ったから、ワタシ、信じた。日本に来てからは、語学学校に通って日本語を勉強した。ヤナイさんとはアパートで一緒に暮らしたヨ。でも……」

彼女の表情が急に暗くなった。

「ヤナイさんには、本当は奥さんと子どもがいたネ。ワタシがそのことを言うと、ヤナイさんは怖い顔になって殴ってきた。ヤナイさん、急にお金をくれなくなった。仕方がないから夜のキャバクラで働いた。ヤナイさん、いつも殴る。だから、ここに逃げてきた」

年配の日本人男性に見初められ、結婚を前提に来日する。ここまではよくある話だが、妻子がいたというのはいただけない。きっとバンコクでのぼせ上がり、無計画に呼び寄せてしまったのだろう。ヤナイさんはバンコクではとても羽振りが良かったそうだが、日本ではとたんにケチになったという。

「ワタシは騙された。早くタイに帰りたいヨ」

そう言うと、彼女は涙をこぼした。

外国人女性がシェルターにいることを、この時はやや不思議に思った。

だが、実は日本人の夫による暴力に悩む、外国籍の妻は意外と多い。

内閣府男女共同参画局のホームページには、配偶者からの暴力被害者支援情報が載せられている（http://www.gender.go.jp/policy/no_violence/e-vaw/siensya/index.html）。

そのなかの一項目「外国人への支援」では、日本語で書かれた資料のほか、英語やスペイン語、タイ語、タガログ語（フィリピン）、韓国語、中国語、ポルトガル語、ロシア語の資料が配布されている。

2011年に「移住労働者と連帯する全国ネットワーク・女性プロジェクト」が全国の自治体を対象に実施した調査によれば、「シェルター」を利用した女性のうち、外国籍の女性は8・6%とかなりの割合を占めたという。10人に1人は外国人被害者なのだ。

とくに年配の日本人夫、若い外国人妻というケースだと、妻は経済的に夫に強く依存しがちだ。母国に仕送りをしてもらっている場合などは、殴られても我慢してしまうこともあるだろう。たとえば、タイの場合、大卒の平均月収は日本円で約5万円と言われている。そのため、月に2~3万円でも仕送りをしていれば、夫と妻の間に強固な力関係が生まれてしまう。

外国人女性のDV被害は、タイやフィリピン出身者が断トツに多いが、そうした事情もあるのだろう。

もっとも、同室のタイ人女性にはたくましい一面もあった。

彼女はいつも滞在ビザとお金の心配ばかりしていたが、職員のスキをついてはあちこちに電話を入れてヒソヒソやっていた。おそらくキャバクラのお客さんに連絡をして、お金の都合をつけてくれるように頼んでいたのだろう。精神的なショックから無気力に過ごしている日本人入所者とはずいぶん違うと思った。

また、驚かされたのが、彼女の荷物の多さだった。

大きな海外旅行用のスーツケースに、荷物をたくさんつめて持ってきていたのだ。

「それ、全部あなたの荷物なの？」

あまりに私物が多いので、思わず聞いてしまった。

「まだあるよ。でも、持てなかったから今はこれだけネ」

きっと入念に準備をした上で逃げてきたのだろう。なかなか計画的である。

電話をかけていないとき、彼女は色とりどりのマニュキュアをベッドの上に並べて、爪のお手入れをしていた。よほど暇だったのか、多い時は1日に2度もマニキュアの色を変えていた。

そのため、6畳しかない部屋は除光液の臭いで一杯になった。

「バンコク帰ったら、日本人相手の仕事ができるよ。ワタシ、日本語覚えたから」

彼女は爪をいじりながら、そう言って得意げに笑っていた。

それから数日後、彼女は退所日を迎えてシェルターを後にした。その後の足取りはわからないが、たくましい彼女のことだ。きっとどこかで日本人相手に商売をしていることだろう。

自殺未遂の女

入所して4、5日が経つと、シェルターの生活にも慣れてきた。

食事を終えるとやることがなくなったので、私はいつものように喫煙室に行った。

ヤニで黄ばんだ扉を開けると、先客がひとりいた。

30歳くらいの入所者で、タバコを吸わずにテレビを見ている。

私は邪魔をしないよう、静かに扉を閉めるとタバコに火をつけた。先客の女性は少しポッチャリした体型をしていた。セミロングの髪を指でかきあげながら、もう片方の手でリモコンを操作し、チャンネルを変えている。

喫煙室では初めて見る顔だった。新入りさんだろうか。

私はなんとなく気になって、テレビを見る振りをしながらその女性を観察していた。

「フフッ」

彼女が突然笑ったような気がした。

テレビを観て笑う入所者は珍しい。ここではどんなにバカバカしいバラエティー番組でも、笑うことなく無表情で観るのが普通だからだ。

「フフフッ」

また女性が笑った。その横顔を見ていると不意に思い出した。

そうだ、昨日、食堂で見かけた女性だ。シェルターではみなあまり量を食べないが、彼女だけはガツガツとよく食べ、おかわりまでしていた。目立っていたので、印象に残っていたのだ。

私がそんなことを考えていると、彼女が突然こちらを向いて話しかけてきた。

「ねえ、あなたは何日目？」

唐突な質問に言葉が詰まる。いま思えばおかしな話なのだが、このとき私は自分がいまどれくらいシェルターに滞在していたのか、本当にわからなかった。精神的なショックや睡眠薬などの影響で、時間の感覚がなくなっていたのだ。

「正確にはわからないの。もう何日もここにいるけど……」

素直にそう答えると、彼女は「そう」とだけ言って、またテレビの方を向いてチャンネルを小刻みに変えた。

「私ね……」

テレビの画面を見ながら、彼女は口を開いた。

「死のうとしたの。でも、死ねなくって。生きちゃってて……」

「……はあ」

突然の告白に困惑させられた。なぜ、そんなことを見ず知らずの私に話すのか。だが、それ以上に気になったのが、彼女の態度だった。自殺未遂の告白をしているというのに、彼女はやけに明るい。まるで他人事のような感じで話すのだ。

「あ、番組終わっちゃったね。次、なに見る？」

「なんでもいいです。私、タバコを吸いに来ただけだから」

部屋に戻ってもよかったのだが、私はなんとなく彼女のことが気になり、タバコをもう1本取り出し、火をつけた。

「私の主人はお酒が好きでね……」

「え？」

また彼女が口を開いた。

「飲んでいるときはいいんだけど、お酒がなくなると私を殴るの。それだけじゃなくて、浮気はするし、私が大事にしていた小鳥を殺すって脅すし、もう我慢できなくて家を出ちゃった」

「小鳥はどうしたんですか？　おうちに置いてきて心配じゃない？」

私がそう聞くと、彼女の表情が一変した。何かを堪えるように顔に力が入り、震える声で吐き出すように言った。

「……彼が握り殺した」

言葉と共に、大粒の涙がボロボロと落ちる。喫煙室の中に彼女の嗚咽が響いた。

私はいたたまれなくなり、そっと喫煙室を後にした。

やせ細った白髪の老婆

食事の後は、いつものことだがトイレが混む。

シェルターのトイレの数は、収容者の数に対して明らかに足りないような気がしていた。トイレに行くと、いつも必ず誰かが使っているのだ。

その日もトイレに行くと、3つあった個室はすでに埋まっていた。

待っていると、しばらくして手前の個室のカギが外れる音がした。ドアが開く。出てきたのは、おばあさんだった。

年齢は70代の半ばくらいだろうか。頭髪は真っ白になっており、身体も小さくなっていた。

これだけ年配の入所者も珍しい。私は一瞬、彼女は入所者ではなく掃除にきた清掃員ではないかと思ったが、彼女は私たちと同じようにピンクのポロシャツを着ていた。

個室を出た老婆が私の前を通って、トイレから出ていった。

彼女は驚くほどやせ細っており、まるでポロシャツの中で身体が泳いでいるようだった。

ＤＶ被害者が高齢で保護が必要な場合は、介護施設に収容されることがあると喫煙室で聞いたことがあったが、彼女はなぜか通常のシェルターに収容されたようだ。

その後もシェルター内で、何度かこの老婆と顔を合わせる機会があった。

彼女はとにかく腰が低かった。

常に控えめでおとなしく、横を通るときなどは「すみません、すみません」と申しわけなさそうにしている。きっと彼女はこれまで何十年も夫の暴力に耐えてきたのだろう。彼女の卑屈な態度は、その辛い年月を物語っているように思えた。


ＤＶの被害に遭うのは、若い世代だけではない。

実は高齢者のＤＶ被害もかなり多いのだ。

警視庁の統計によると、平成27年に寄せられた配偶者による暴力被害の相談等のうち、被害者が60歳以上だった事例は全体の約11％（およそ７０００件）。被害者が70歳以上の事例に絞っても全体の５％、３５００件以上もあった。これらの数字はあくまで表沙汰になったものだけだ。実際はより多くの高齢者が配偶者による暴力に苦しんでいるものと推測できる。

高齢者のＤＶ被害は、より深刻だ。高齢になると、仕事に就くことは難しい。経済的に自立できないため、離婚という選択肢は選びにくくなる。結果、夫に依存して暴力を受けても耐え忍んでしまうことになる。ＤＶは歳を取れば取るほど、逃げ場を失ってしまうのだ。

２０１４年4月には、群馬県で高齢者ＤＶの悲しい事件があった。76歳の夫が69歳の妻の顔を踏みつけ、死亡させたのだ。群馬県警は夫を逮捕し、傷害致死容疑で送検したが、妻は少なくとも4年前から夫によるＤＶに悩んでいたという。

高齢者のＤＶの背景には、認知症の存在もあるとされる。それまで仲の良い夫婦だったのが、認知症になることでカッとなって暴力を振るうというケースもあるのだ。

終生安泰だと思っていたところで起きる配偶者からの暴力。もう、別居をする力はなく、自立できるだけの収入もない。ましてや妻の方は、結婚すれば家庭に入ることが当たり前だった世代である。就業経験がないのに、いきなりパートをすることもできない。就業経験のない高齢者を雇おうという企業もまずないだろう。そのことは被害者もよくわかっている。だから逃げることはできないのだ。

それから1週間もしないうちに、老婆はシェルターを出て行った。

彼女はシェルターを出た後、たった1人で何ができたというのだろう。

それを思うと、いまでも胸が痛む思いがする。

子どもを奪われる母親

私が入所していたとき、シェルターには子連れの女性もいた。多い時で4組くらいはいただろうか。みな他の入所者に気を遣って、小さくなって子連れ同士で固まっていた。

食堂に近い3部屋が子連れの入所者に割り当てられていた。

激しく泣く子どもたち、それをヒステリックに叱る母親たち。小学生ぐらいの子どもならば、おそらく児童相談所に預けられ、そこから学校に通うのだろう。シェルターにいた子どもはみなとても幼く、乳幼児もいた。

母親たちは、昼間の時間、子どもたちをシェルター内の廊下にある小さな滑り台などで遊ばせていた。3人の幼子を連れている母親もいた。子連れで逃げるのは簡単ではない。よほどの決意があるに違いなかった。


ある日、廊下の奥の方で悲鳴が聞こえた。断末魔のような悲鳴だ。

部屋を出て見に行くと、子連れの入所者専用の部屋の前に、小さな人だかりができていた。人だかりの中心には、子どもを抱きかかえた若い母親と、見慣れない私服姿の女性が2、3人いた。シェルターの職員ではないので、きっと外部からきたのだろう。私服の女性たちは子どもの手を握りながら、諭すように母親に語りかけている。

「ここを出ても育児をできる環境じゃないでしょう。一時的に預かるだけですから、心配しないでください」

母親は子どもの身体を引き寄せると、大きくかぶりを振った。

「主人が子どもたちのところに来たら、面会させるんでしょう。連れていかれるにきまっている。この子は渡しません！　帰ってください。絶対渡しません！」

どうやら児童相談所の職員が、子どもを保護するためにやってきたらしい。母親の脇では、5歳くらいの男の子が不安げに大人たちの顔を見つめている。

母親は子どもたちを渡すまいと、泣きわめき、必死に抵抗していた。だが、小さな子どもがいてはシェルターを出た後に自活できないことはわかっていたのだろう。抵抗する声は次第に小さくなり、やがて一番小さな子が児童相談所の職員に抱きかかえられて部屋から出てきた。

「やめて、帰って！」

5歳くらいの男の子はお兄ちゃんなのだろう。母親を守ろうとして、相談所の職員の腕を噛むなどして抵抗している。シェルター職員の女性も加勢し、子供たちはなだめられながら連れて行かれた。男の子は「ママ、ママ」と泣いていた。その声がだんだん小さく遠くなっていった。

残された母親は、その後、ノイローゼのようになり、廊下の途中で座り込んで泣いたりしていた。かわいそうだが、どうすることもできない。子どもたちは裁判の決着がつき、彼女の生活が安定しない限りは戻ってこないだろう。

彼女はシェルターを出た後、子どもたちと再会することはできたのだろうか。

経済的ＤＶの果て

私はシェルターにいる間、日中は精神安定剤のデパスを服用していた。

ある日、クスリを受け取るために廊下を歩いていると、カウンセリングルームの中から女性の声が聞こえてきた。

「ああ、また新しい人が入ってきたのね」

私はとくに気に留めず、すぐ近くの職員室の小窓に向かった。職員がクスリを用意している間、カウンセリングルームの会話が聞こえてきた。

「もともと私の預金通帳と印鑑は、主人が管理していました。キャッシュカードを持つことは許されていましたが、それを取り上げられ、暗証番号を教えるように脅されました。従わないとなにをされるかわからないので暗証番号を教えたら、預金をすべて使われて……。他にあった口座をすべて解約しろと迫られました」

口座を解約したら、お給料などの入金も受けられなくなってしまう。彼女の夫はいったい何を考えていたのだろうか。

私はデパスをもらい、カウンセリングルームから出て来る女性をチラッと見ながら、職員室の小窓のポットから水を紙コップに出して飲み込んだ。

私も夫に生活費を入れてもらったことは一度もなかった。そんな酷いことは私だけなのかと思ったが、他にも同じような目に遭っている人がいることに驚いた。

過度の経済的な制約を加えることを「経済的ＤＶ」という。

生活費を渡さない、妻の口座を管理して自由にさせないといったことは、典型的な経済的ＤＶだ。

経済的ＤＶには次のようなパターンがある。

①生活費を渡さない
②外で働くことを妨害する
③洋服など妻の必要なものを買わせない

④お金を取り上げる。または使い込む
⑤収入や、資産状況を明かさない、使わせない
⑥借金を負わせる
⑦家計を細かく管理する

私の場合は、生活費を入れてもらえず、夫から財産の状況や収入をまったく教えてもらえなかった。そのときは、それがＤＶの一種だと知らなかった。

食事の時間になったので食堂に行くと、偶然、さきほどカウンセリングルームで話を聞いた女性が隣に座った。彼女はノドが悪いのか、咳き込みながら話していた。食事をしながら咳をしていたので、さっきの人だとすぐにわかったのだ。

彼女は50歳くらいだろうか。髪にはきれいにパーマがかかっており、薄く品のいいメイクをしていた。指にはサファイアの指輪が光っている。たぶん、表ではかなり裕福な暮らしを送っていたのだろう。

食事のトレーを片付けるとき、別の入所者に横入りされたような形になった。そのとき、彼女は怒りもせずに、「わたくしは後でよろしいので、どうぞお先に」と言っていた。同じピンクのポロシャツを着ていても、なんとも言えない優雅なムードがあったのだ。

この女性も夫にお金を取られて、暴力を受けてきたのだろうか。そのたたずまいを見ていると、にわかには信じられないような気がした。

だが、それから彼女の姿を食堂で見かけることはなくなった。原因はわからないが、きっかけは第二章で触れた〝唱和〟にあったと思う。

「東京都のみなさん、今日も温かいベッドと食事をありがとうございます。みなさんの税金のお陰です」

なぜだか理由はわからないが、食事のときに、入所者全員でそう唱和させられたことがあった。彼女はそのとき、悔しさのあまり涙を流していた。侮辱されたと思ったのだろう。

それ以来、彼女は食堂にまったく出てこなくなった。

部屋にずっとこもっているのか、お風呂に入っているのも見かけなかった。

一度、彼女の部屋の前を通りかかったとき、開いたドアから偶然、部屋の中を覗くことができた。彼女はベッドの上で布団を被り、ミノムシのようになって固まっていた。よくない精神状態にあるのは明らかだった。

DVは貧富の差など関係なく、どの家庭でも起こり得る。

シェルターで精神的にどん底の状態に落ち込んでしまった彼女は、うまく立ち直ることができたのだろうか。

被害を偽装する女

シェルターでは、タバコが私の支えだった。

とくにやることがなく、無為に過ぎていく毎日の中、タバコを吸っているときだけは生きているという実感を持つことができた。

当時、私は1日にタバコを2箱吸っていた。かなりのヘビースモーカーだ。タバコは普通、1カートン10箱入りで売られている。それだけでは1週間ももたないので、私は外出するたびに2カートン買い足していった。私のロッカーはすぐにタバコでいっぱいになった。

私は日中、よく喫煙室に出入りしていた。

喫煙室にはテレビがあったので、タバコを吸わない入所者もやってきたが、私のように喫煙室に入り浸っている常連の喫煙組もたくさんいた。

ある日、喫煙室に行くとそんな常連組のひとりがいた。

茶色い髪をした30歳くらいの女性で、同じくらいの年齢のおとなしそうな入所者とソファに座ってなにやら話をしている。灰皿は大きな赤い缶がひとつ置かれているだけなので、自然とお互いの距離は縮まる。私は彼女たちが座っているソファの前に立ち、タバコを吸い始めた。

茶色い髪の入所者は一方的に話をしている。隣の女性はそれをうなずいて聞いている。

「子供って大変だよ。毎日同じことの繰り返し。叱っても言うこと聞かないし」

「そうだよね」

「でも、親権は取らなきゃね。子どもは絶対にダンナには渡さない」

「うん……」

「ここを出たら、どうしようかなあ〜。とりあえず母子寮に入ろうかな。旦那とは別れたいけど。働きたくないしね。母子家庭って、大変じゃん。生活保護とか子供手当てって、月々いくらもらえるのかな、知らない？」

「さあ……」

「ダンナが私の実家に来てくれたらな〜。両親にはすぐに警察を呼ぶように言ってあるから、来た瞬間にストーカーの出来上がり。シェルターには期限があるけど、早めに出たいって言えば出してもらえるしね。めんどくさくなったら、保護命令出してもらえばいいじゃない？　保護命令の審査って甘いでしょ。すぐ出してくれる。シェルターに入れば実績できるから証拠にもなるし、親権も簡単に取れる。そしたら、離婚なんか簡単だよ。住む場所だって何とかしてもらえるんじゃないかな」

茶色い髪の女性の話を聞いていると、違和感を覚えた。

何だか、おかしい。

シェルターはどこにも行き場がなくなった女性が、最後に逃げ込む場所ではなかったか。

しかし、茶色い髪の入所者の口ぶりや態度からは、なにか確信めいたものを感じた。

彼女の話を平たく直せば、こういうことを言っているのだ。

「夫には愛情はないから、一緒に暮らしたくない。だけど、離婚するには理由がないし、このまま離婚すると子どもの親権をとられるかもしれない。子どもとは一緒にいたいが、働きながら育てるのは面倒くさい。だから、シェルターに入ったという実績をつくった上で、母子寮に入るか、生活保護をもらおうかと思っている」

DV防止法は、DVに苦しむ被害者を救うためのものだ。

彼女はそれを悪用している可能性がある。本当の被害者は、彼女ではなく、彼女の夫なのかもしれないと思った。

いったい彼女はどんなことを口実に、シェルターに入ってきたのだろうか。夫の暴力をでっち上げて警察や役所に駆け込んだのだろうか。もしそうだとすれば、計画的な犯行だ。嘘つきで許せない行為だ。

彼女は被害者面をして、育児放棄しているだけではないか。茶色い髪の女性は、いつも喫煙室でタバコをゆっくり楽しみ、昼寝をして、育児から解放されていることをこんなところで喜んでいるのだ。加害者扱いされた夫も、たまらないだろう。

私は彼女を怒鳴りつけてやりたい気分に駆られた。だが、その脳天気な顔を見ていると、腹を立てるのが急にバカバカしくなり、私は喫煙室を後にした。

シェルターの職員たち

シェルターの職員は全員女性だった。

私たち入所者は支給されたピンクのポロシャツを着ていたが、職員に制服はなく、私服で勤務していた。服飾規定があったのかどうかはわからないが、化粧は薄く、地味な服装の公務員スタイルの女性ばかりだった。

彼女たちはとにかく無口だった。用件があるときを除けば、ほとんど口を利かない。話す内容も業務的なものに限られ、個人的な話をすることは一切なかった。

思えば、職員たちは入所者に深入りすることを恐れて、必要以上に接触することを避けていたのかもしれない。そうとしか考えられないほど、彼女たちは事務的だった。

第二章でも触れたが、職員の話し方には特徴があった。

入所者と話すときは、みな子どもに言い聞かせるように、ゆっくりと喋るのだ。入所者の中には精神的なショックを受けて、話が聞けないような状態の人もいる。そうした人に配慮してのことだと思うのだが、私はバカにされているような気がしてどうしても馴染めなかった。

職員との交流は、入所時を除けば、職員室に開いた小窓の内と外だけで行われた。

就寝時にクスリをもらうとき、外出の申請をするとき、入所者はその小さな窓から職員にお願いをする。窓口の後ろにはついたてが設けてあり、私たちのいる廊下側から職員室の内部は覗けないようになっていた。

入所者と職員との関係は、あくまで事務的だった。最後まで職員の名前も教えてもらえなかった。だからなのかはわからないが、職員たちのことはあまり印象に残っていない。

暴力夫の心配をする妻たち

シェルターでは、外出の際には、職員から自宅に帰らないよう釘を刺された。

自宅に帰ってしまえば、暴力夫と鉢合わせをするかもしれない。そうなれば、わざわざシェルターで保護した意味がなくなってしまう。だから、絶対に帰らないようにと警告されるのである。

私はその警告を受ける度に、おかしなことを言うと思った。シェルターにいる人たちはみな逃げてきている。安全な場所を捨てて、わざわざ危険な夫の元に帰るはずがないだろうと考えたのだ。

だが、シェルターでしばらく過ごしていると、職員が警告した意味がわかってきた。あれほど酷い目に遭わされたというのに、どこかで夫を心配する自分に気づいたのだ。

暴力夫といっても四六時中、殴ってくるわけではない。機嫌が良いときはいたって健全な夫婦であったりする。とくに人前に出たりすると、暴力夫は普通の人……というより、むしろ人当たりの良い穏やかで話し上手な夫に変身する。

そうすると、被害女性は悩んでしまう。「私が悪いから殴られるんだ」と自分を責めたり、「もう殴ったりしない」という暴力夫の言葉を信じてこれが最後に違いないと思ったり「明るく機嫌の良いときが、夫の本当の姿だ」などと思ったりする。

私はもう家には戻らないと固く決意していた。

だが、ときどき町田の自宅が猛烈に恋しくなった。憎んでいたはずの夫のことも頭をよぎり、「ちゃんと食事をとっているだろうか?」などと思ったり、「洗濯物がたまっていないかな」などと考えたりしていた。

それは私だけではないようだった。入所者の中には、まだ期間が充分に残っているというのに、シェルターを出て自宅に戻ってしまう人がいた。離婚をすると、それまで苦労し、我慢を重ねて続けてきた結婚生活が完全に終わってしまう。その努力や忍耐がムダに終わってしまうと思うと、急に暴力夫にしがみついてしまうこともある。

だが、そうした精神状態は周囲にわかってもらうのは難しい。

「あの立派なご主人のことだから、あなたがいけないのよ」

「やっぱり、あなたのワガママよ」

「離婚したらいいのに」

などと私もよく言われた。

「暴力が耐えられないほどのものなら、逃げるはずだ。離婚するはずだ」という単純な考え方は、被害者のことを理解しているとはいえない。逃げることや離婚することよりも、この先に降りかかってくる生活の困難さを思い、失うもの（環境や私物）への愛着から、逃げられず苦しんでいる女性も多いのだ。

だが、私の「自宅に帰りたい」という考えを押し留めたのは皮肉にも夫からの電話だった。

その日、私は川村弁護士に連絡を取るために、預けていた携帯電話を出してもらった。電話をかけようと電話に触れたちょうどその時、私の電話に着信があった。誰からの電話か確認をせず、反射的に出てしまったのだ。

「帰ってきて〜、どこにいるの〜？」

山下からだった。久しぶりに聞くその声に背筋が凍りついた。

「ごめんね〜、ごめんね〜、どこにいるの〜？　迎えにいくよ、ごめんね〜？」

声を聞いていると、涙が流れてきた。お気に入りの自宅のリビングが頭に浮かんだ。モクレンの咲く庭が見える、居心地のいいリビングだった。しかし、私はそこが拷問部屋だったことも忘れてはいない。山下の声は、あの恐怖の日々を思い起こさせてくれた。

私は改めて「戻らない」と決心し、ひとこともしゃべらずに電話を切った。

その後、山下は何度も電話をかけてきたが、私はすべて無視をした。

たとえ山下が私の居場所を突き止めてやってきたとしても、シェルターにいる以上は安全だ。

山下の声を聞いたのは、それが最後となった。

入所者の私服に見る悲しい現実

シェルターで、入所者の私服を見る機会は限られる。せいぜい入所時や外出時に見かけるぐらいだろう。

私がシェルターに保護されたのは12月だった。外では木枯らしが吹いている寒い時期だ。にもかかわらず、コートを持っている入所者は少なかった。着の身着のままの状態で逃げ出してきた人が多かったということだろう。

実際、入所者の私服を見ると、普段着というよりも部屋着に近い服装の人もいた。所持品も少なく、携帯電話とサイフくらいしか持ってきていないのだ。

上は部屋着で、下にジーンズをはいた女性も多かった。外出時に外で洋服を購入することはなかなかできなかった。近所に洋服を売っている店はなかったし、裁判所や弁護士事務所、病院以外に立ち寄ることは禁じられていたからだ。

私もコートはなく、薄手のウィンドブレーカーと薄いセーターがあるだけだった。だが、外に出ても不思議と寒いとは感じなかった。それだけ精神状態が追い詰められていたのだろう。

私のいたシェルターでは入所者は全員ピンクのポロシャツを着せられていたが、他のシェルターでは私服で過ごす場所もあるらしい。お揃いのポロシャツは囚人服のようで嫌だったが、私服で過ごしていれば惨めな思いをする人が出てくるはずだ。そう考えると、ピンクのポロシャツも悪くなかったと言えるのかもしれない。

同室のタイ人女性が退所した日の夕方、ベッドに横になっていると、部屋の外で話し声が聞こえた。しばらくしてドアが開いた。さっそく私の部屋に新しい入所者がやってきたようだ。

職員に連れられて現れたのは、暗い表情の痩せた女性だった。年齢は30代の半ばくらいだろうか、花柄の毛玉だらけのセーターを着て、黒いジーンズをはいている。

よく見ると、そのジーンズのスネあたりに細かい毛がたくさんついていた。きっとイヌか、ネコでも飼っていたのだろう。女性は無言で会釈をすると、お揃いのポロシャツに着替えてベッドに横になった。話したくないのか、壁側を向いている。

彼女とは私が退所するまで同室だったが、ほとんど会話らしい会話はなかった。

悪夢のクリスマス

入所して1週間くらい経った頃、いつものように職員室にクスリをもらいに行くと、小窓の脇に小さなクリスマスツリーが飾られていた。

「そうか、もうそんな時期なのか……」

クリスマスのことなんて、すっかり忘れていた。もっとも、いまの私には祝う相手はいない。祝う気にもなれない。自分とはまったく無関係の、別世界の話のような気がして、特に気にしないでいた。

別のある日の午後、食堂の近くを通りかかると中から賑やかな話し声が聞こえてきた。複数の女性の声だ。それまでシェルターにいて一度も聞いたことがないような明るく朗らかな声で、なにか愉快なことでもあったのか、ドッと笑ったりしている。

食堂の中を覗いてみると、年配の女性が大勢いた。

いずれも見慣れない顔で、15人はいただろうか。

彼女たちは食事のときに使っている無機質なテーブルをつなげて、その上で折り紙を折ったり、画用紙に絵を描いたりしている。彼女たちは近隣の婦人会からきたボランティアで、クリスマスの飾り付けのためにシェルターに来たという。私は急に興味を失って、自分の部屋に戻ることにした。

それからしばらくして、廊下が騒がしくなった。ドアを開けて見てみると、先ほどの女性たちが各部屋を回って何かを配っている。女性たちは私の部屋にもやってきた。

「これをどうぞ」

小さなキャンディの包みだった。私がベッドの上で固まっていると、女性たちは明るい声でこんなことを言った。

「メリークリスマース！　さあ、元気を出しましょう！　寝てばかりいると、病気になるわよ！　さあ、ほら起きて！」

ボランティアの女性はそう言うと、無神経に私の身体を威勢よくポンポンと叩いた。

きっと、彼女たちは落ち込んでいる私たちを励まそうとしたのだろう。

だが、残念ながらそれは逆効果だった。私たちは何も好きでベッドの上にいるわけではない。他に居場所がないから、ベッドに横になって悩んでいるのだ。彼女たちの何気ない発言に、入所者たちはみなイラだっていた。


そうこうしているうちに、夕食の時間になった。

食堂に行くと壁一面が、折り紙や色画用紙で作られたサンタクロースやトナカイ、クリスマスツリー、お菓子などで飾られており、大きな貼り紙の上にはこんなことが書かれていた。

「明るく笑って生きれば何とかなる！　○○婦人クラブ」

きっと婦人会の人たちは、幸せで何不自由ない暮らしを送っているのだろう。そういう人に追い詰められた孤独な女の心境が理解できるはずがない。

その時、幼い子どもを連れた入所者が食堂にやってきた。ボランティアの女性たちはその子に近づくと、母親の許可も得ずに勝手に抱き上げた。

「ほら、これがサンタさんよ。プレゼントはなにがいいかな～」

そう言って笑顔で子どもに顔を近づける。

母親は必死の形相で子どもを取り返すと、目に涙をためて大声を出した。

「あんたたち、やめてよ！　サンタなんて来ないんだよ！」

そうなのだ。

ここはシェルター……、子どもたちにサンタさんが来るはずはないのだ。

この状態で夢を見させるのは、子どもにとってかえって残酷なことである。だが、平和な婦人会の人たちはそんなことすらわからないようだった。

誰がやったのか、婦人会の作った壁の飾りは、その後、ビリビリに破かれていた。

シェルターの内と外の温度差を嫌というほど感じた、暗いクリスマスだった。

第四章　ＰＴＳＤとの戦い

ついに来た退所の日

私が入所していた当時、シェルターの入所期限は2週間と決まっていた。出所後に行き場所がない場合は、有料の民間シェルターに身を寄せたり、母子寮に入ったり、生活保護の支給を受けてアパートなどに引っ越すと聞いていた。

ある日の朝食後、私は女性職員から呼び出しを受けた。

「期限がきました。明日、シェルターを出ていただきます」

それだけ言うと、女性職員は職員室に戻ってしまった。私は唖然とした。シェルターを出てどうするのか、今後の身の振り方について、私は一度も相談に乗ってもらえなかった。シェルターの中では私は何のサポートも受けられなかった。ただ2週間、シェルターに入れられているだけだったのだ。

明日からいったいどうやって生きていけばいいのか。私は不安で押しつぶされそうになっていた。夫との裁判は堂々巡りで、なかなか進展していない。山下は逮捕すらされていないようだ。警察は何をやっているのか。

翌朝、朝食を終えると職員がきた。

「支度をしてください。そろそろお時間です」とだけ言う。

「お昼は食べていきますか？」

悠長なことを無神経に聞いてくる。私は「いいえ」と短く答えると、部屋に戻り、着替えをし、バッグに荷物を詰めて部屋を出た。職員から預けていた携帯電話とクスリを返してもらう。

「いいですか。ここには戻ってこられませんからね」

2階と3階をつなぐ、防火扉のように巨大なドアの前で念を押された。2階に下りて、下駄箱から私の靴を出し、「17」と書かれたピンクのビニールサンダルを返した。

「では、ここでお別れです。ここから先は自由に出られます。お気を付けて」

そう言うと、女性職員はさっさと3階に上がっていった。私は閉ざされた扉をひとつひとつ開けていった。外に出ると空気がキンと張り詰めている。あてもなく大通りの方を目指し歩く。しばらく歩くと大きな通りに出た。そこでタクシーをつかまえた。

「赤坂見附へ」

思わずそう言ったが、「赤坂見附」に出たところで当てがあるわけでもなかった。とにかくシェルターから離れたかったのだ。赤坂見附に着くと、駅の交差点の近くでタクシーを降りた。街はイルミネーションで飾り付けられ、クリスマスで賑わっていた。私は幽霊のように赤坂の街をフラフラとさまよっていた。

やがて日が暮れたが、今夜はどこで寝たらいいかわからなかった。考えがまったく浮かばない。私は疲れ、牛丼屋の隅に座り込んでしまった。

「川村弁護士に電話しよう！」

事務所にかけたが、すでに留守電になっていた。こんな時間だ、きっともう帰ってしまったのだろう。次の打ち合わせにはまだ日があった。明日、朝一場で電話をしよう。そう思い、電話をしまうと急に寒さを覚えた。赤坂を歩く人は、みなダウンコートやしっかりとした厚手のコートを着ている。私は薄手のウィンドブレーカーを羽織っているだけだ。私は猛烈な寒さを覚えて震え出した。

携帯電話に映る親友の電話番号

このまま赤坂の街にいても、何にもならない。

私は急に人恋しくてたまらなくなった。

「こんな夜中に、電話できる人はいるだろうか……」

携帯電話を取り出して、アドレスを無意識にスクロールする。

〝北川俊子〟

名前を見て、思わず通話ボタンを押していた。俊子ちゃんは古い友人だ。キャリアウーマンで独身。私より少し年上で、なんでも相談できるお姉さんのような存在だった。

しばらく呼び出し音が鳴る。こんな時間に出てくれるだろうか……。

呼び出し音を7まで数えたとき、懐かしい声が聞こえてきた。

「晴子ちゃん？　どうしてるの？　急に連絡とれなくなって心配していたのよ」

夫に暴力を振るわれていることは相談済みだった。俊子ちゃんの声からは、本気で心配していた様子が伝わってきた。

「実はシェルターに保護されていて、連絡できなかったの。今日、出てきたんだけど行くところがなくて……、いま赤坂にいるのよ」

「赤坂？　お店に入っているの？」

「違う。道端に座り込んでいる」

俊子ちゃんは「えーっ！」と大きな声を出した。

「どこか行くところはないの？　泊まるところは？」

「どこにも行く当てがなくて、どうしたらいいのかもわからなくて……」

「あのね、私、いま成田空港近くのホテルにいるのよ。明日の早朝のフライトで海外出張に行かなきゃならないから泊まっているの。1ヶ月近く帰ってこないから、私の部屋に行きなよ。

合鍵はポストの扉の裏側にガムテープで貼り付けてあるから、それを使って」

「……ありがとう」

期待していた以上の提案に、涙がこみ上げてくる。

「部屋のもの、自由に使ってね。私の家、わかるわよね。今から行ける?」

「タクシーを拾うわ」

「そうして。心配だから、部屋に着いたら電話して。待ってるわよ」

私はボストンバッグを持って歩き始めた。赤坂見附の街には、空車のタクシーがしょっちゅう通りかかる。私は手を挙げて、タクシーに乗り込んだ。

「とりあえず、東急田園都市線の市ヶ尾まで」

タクシーは走り出した。

親友の部屋を借りることに

市ヶ尾に近づくと、俊子ちゃんの住所をタクシードライバーに伝えて案内してもらった。料金を払い、マンションの前で降りた。エントランスを入ったところのポストを教えてもらった暗証番号で開けると、扉の後ろにガムテープで貼り付けられたカギがあった。

オートロックを開け、エレベーターに乗り、5階の部屋に向かう。ドキドキしながら玄関の扉を開けた。中に入る前にあとをつけられていないか振り返り、さっと部屋に入った。

俊子ちゃんの家は2LDKで眺望もよかった。キャリアウーマンの優雅な一人暮らしを思わせるインテリアだった。

私は俊子ちゃんに電話をし、無事にたどり着いたと報告を入れた。俊子ちゃんは「何でも好きに使うのよ。何でもいいから食べてね」と手短に言うと、安心したように電話を切った。私も、とても疲れてしまった。洋服を脱ぎ捨てると洗濯機に放り込み、シャワーを浴びた。その晩は、俊子ちゃんのパジャマを借りて、俊子ちゃんのベッドに潜り込んで寝た。

翌日から、私は俊子ちゃんのマンションで生活をした。食事は節約のために自炊で、近所のスーパーで買い物をし、まるで自分の部屋のように料理をした。

外出はなるべく控えていたが、弁護士との打ち合わせには出かけなければならなかった。その道すがら、スーツ姿の男性を見かけるたびに山下を思い出し、気分が悪くなった。夜は睡眠薬を飲んで寝ているにもかかわらず、悪夢を見るようになってしまった。

追いかけられる夢、身体を傷つけられ血だらけになる夢、空中に放り出される夢、交通事故に遭う夢、おばけや怪物に襲われる夢……、私は眠ることが怖くなってしまった。

病院での診察の日、夢のことを先生に話してみた。

「それはPTSDっていう、怖い体験をした後に出る後遺症のようなものね」

治療法は特にないという。とても厄介なことになってしまった。

症状は治まらず、日々悪化していくような気がした。表に出るとすれ違うスーツ姿の男性が怖くて堪らない。電車も恐ろしく、つり革にぶら下がっているとぶるぶる身体が震え出した。

小さな物音にも敏感になった。隣や上階から聞こえる小さな物音。それを聞くと、叫びだしたくなるのだ。

自分でも何が怖いのか、まったくわからなかった。とくに恐怖心を感じたのが、お風呂で髪を洗う時だった。シャンプーのとき、泡が目に入らないように目をつぶる。そうすると、背後に山下が迫っているような気がして、たまらなく怖かった。私はどうしても外出しなければならない時以外は、ずっと俊子ちゃんの部屋にこもって過ごしていた。

親友が帰国、新居に移る

マンションに居候して、ひと月が経とうとしていた頃、俊子ちゃんから電話があった。

「あさって帰国するからね。それまで部屋にいてよ。心配だから」というのだ。

お昼過ぎに俊子ちゃんが帰ってきた。

私はもう何十年も会っていないような、懐かしい気持ちがした。

「久しぶりね、どう？　この街にも馴れた？」

俊子ちゃんは溌剌と笑った。

「ありがとう、本当に助かったわ」

私はシェルターに入ることになった経緯や、シェルターでの生活のことを話した。俊子ちゃんは出張の疲れも見せず、私の話を熱心に聞いてくれた。

「そうか……、離婚するのね」

「もう、決めたのよ」

それ以上はなにも聞かれなかった。

「晴子ちゃん、この街に引っ越してきたら？　静かでいいところよ」

俊子ちゃんは私が保証人を立てられないことを理解していなかった。私には兄弟はいないし、母はアルツハイマーを発症しており、保証人などとうにできなくなっている。一瞬、俊子ちゃんに保証人を頼もうと思ったが、これ以上、迷惑をかけるのも気が引けた。

「ごめんね、実はもう部屋をみつけたんだ。駒沢大学前駅のすぐ近く。インターネットで調べたら、保証人不要で借りられる物件があったの。そこに行こうと思うわ」

私は嘘をついた。俊子ちゃんは少し残念そうに「そう」とだけ言った。

俊子ちゃんには、とてもお世話になった。それから2日間一緒にいて、俊子ちゃんが出勤するときに一緒に部屋を出た。私はその後、東急線の駒沢大学前駅の近くにある保証人不要のウィークリーマンションに引っ越した。狭いワンルームだが、必要最低限の家具や家電が揃っていたので、すぐに生活できる。

だが、ＰＴＳＤの症状はますます私を悩ませた。私は疲れきっていた。

担当医の薦めで入院する

新居に移ると、話し相手は完全にいなくなった。私は静まり切った狭い部屋の中で、山下の暴力のことを思い出していた。自炊する気力がなくなり、食事はコンビニ弁当が多くなった。

ある日、コンビニ弁当を食べようとしたとき、私は急に頭が真っ白になった。そして無意識に弁当についていたプラスチックのフォークを手に取ると、自分の太ももにこすりつけた。痛みはまったく感じず、気がついたときには夢中でフォークを太ももに突き立てていた。フォークは先が丸く、刺さらずに折れたところで、ハッと我に返った。

自分がどうしてそんなことをしたのかわからなかったが、なぜかこの一連の行動で自分が落ち着いたような気がしていた。この日はそれだけで終わったが、だんだん自分を傷つける行為がエスカレートしていくようになった。

それからしばらくして、週末になり俊子ちゃんが遊びにきてくれた。

同じ東急線だからお互い、行き来がしやすかったのだ。

部屋に入るなり、俊子ちゃんは驚いた。

「ねえ、この爪楊枝、どうしたの？　こんなにたくさん、集めてるの？」

コンビニ弁当のお箸の中に入っている爪楊枝だった。俊子ちゃんの質問に私は答えられずにいた。フォークに限らず爪楊枝も太ももに突き立てて、ひっかいていたからだ。

「ねえ、それに顔色悪いよ。ちゃんと病院行ってる？」

せっかく訪問してくれたのに、返す言葉が見つからない。床に座った瞬間、ロングシャツスタイルのパジャマの下から、傷ついた太ももを見られてしまった。

「どうしたの？　その傷？　まさか……、自分で傷つけているの？」

「スッキリするのよ」

「晴子ちゃん。今日、午後病院空いてるかしら？　一緒に行こう。先生に診てもらおうよ。予約の電話入れて」

俊子ちゃんは強く言った。

私は病院になど行きたくなかった。でも、俊子ちゃんは早く電話を入れろと急かしてきた。

いやいや電話をすると、夕方から予約がとれた。俊子ちゃんはてきぱきと支度をさせると、到着時間を逆算して病院に連れて行った。

診察室に入るなり、先生は私の顔色を見てピンときたようだった。

「こちらにお座りください。晴子さん、良かったですね。いいお友達がいてくれて。今日病院に来てくれてよかったですよ。かなり疲れていますね。少し入院しましょう」

「え？　入院？　私、裁判中なんですよ？」

「大丈夫です。今、晴子さんには治療が必要です。どこの病院に入れるか、電話してみます。今調べるから、ちょっと待っていてね」

そう言うと先生はあちこちに電話をかけ始めた。

「先生、私、入院は嫌なんです」

入院なんて思ってもいなかった。私は入院をなんとか逃れようと、必死に抵抗した。しかし、先生はキッパリと言った。

「このまま帰すわけにはいきません。入院してもらいます」

それからベッドのある別室に移り、注射をされた。とくに説明はなかったが、おそらく鎮静剤だろうと思った。

「月曜日に原宿にある〇〇ホスピタルの分院に行ってください。紹介状を書いたので、院長先生が診察してくれます。必ず行ってくださいね」


約束通り、月曜日に原宿にあるホスピタルの分院を訪れた。

院長先生も私の顔を見るなり、「明日、本院に入院です」と怖い顔で言った。

ホスピタルの本院は、関東某所の避暑地にあった。私は駒沢大学前の部屋に戻ると、荷物をまとめて部屋を引き払い、ホスピタルの本院に向かった。

高原の中の静かなホスピタル

東北新幹線を最寄りの駅で降りる。ホスピタルまではタクシーで行くしかなかった。

山道を走り、どんどん人里から離れていく。やがて小さな集落が現れ、その外れにホスピタルはあった。大きく新しい、オシャレな雰囲気のホスピタルだった。

入院の手続きをするために受付に向かう。

入院のみで外来診察は行っていないようだった。ホスピタルには老人ホームが隣接しており、院内はにぎやかだった。通りすがりに体育館があった。中では男性患者たちが元気にバスケットボールの試合をしていた。とても病気には見えない。

「遠かったでしょう。すぐに休めるようにしますからね」

受付の看護師さんは優しく対応してくれた。その対応に警戒心で固まった心が解きほぐされるような気がした。

「こちらへどうぞ」

バスケットボールの人たちの声はだんだん遠のいていく。渡り廊下を歩いていくと、ロッカールームがあり、「パジャマに着替えてください」と言われた。それから「診察室」と書かれた部屋に通された。寝台があり、そこで横になるよう言われた。しばらく待っていると、若い医師が入ってきた。

「気分はいかがですか」と私の顔を覗き込む。

「ええ、大丈夫です」と答えるのがやっとだった。

「ちょっと、お注射しますね」というと、太ももに注射された。覚えているのはそこまでだ。

私はすぐ気を失っていた。

鉄格子のある個室に入れられる

気が付くと、私はさきほどとは違う部屋のなかにいた。

ぼんやりしていたが、やがて意識がはっきりしてくる。

周囲を見渡して唖然とした。鉄格子の部屋だ。私はマットレスの上に寝ていた。シーツも何もない。枕もなく、掛け布団もない。ただマットレスだけが部屋の真ん中に置いてある。広さは10畳くらいだろうか。部屋の隅に、ステンレス製の洋式トイレがあった。蓋はない。よく見ると、トイレットペーパーもない。フラッシュバルブもないのだ。そして鉄格子の部屋は横に細長く並んでいるようだった。奥から、色んな人の声が聞こえた。

一人で、桃太郎の童話をブツブツ繰り返す女性の声。

男性の意味不明な叫び声。

ひそひそとした男女の話し声。

壁を叩く音。

私は、川村弁護士に電話をしようと思ったが、荷物が何もないことにすぐ気が付いた。

尿意を覚えたので、マットレスから体を起こした。ふらつく体を支えて、どうにかトイレを済ませる。しかし、紙がない。私は鉄格子にしがみつき、叫んだ。

「すみませーん！　トイレットペーパーを下さい！　すみませーん！」

若い看護師がきて1回分のトイレットペーパーをくれた。だが、流すことができない。

「すみませーん！　トイレを流したいんですけど！」

反応がない。済ませたトイレを流せないまま、私は不愉快な気分でマットレスに横たわった。部屋には時計がないので時間がわからない。治療のために入院したはずなのに、このままだとむしろ頭がおかしくなりそうだった。いったい何のために、私はこんなところに入れられているんだろうと思った。

遠くから、ガラガラと音が近づいてくる。ワゴンが来た。食事である。まるでシェルターと同じ食事内容だった。割れないメラミンの食器。先の尖っていない箸や、フォーク。食事は小さな床に作られた窓から、トレーに載せて入れられた。そしてスタッフが外側の廊下にあるボタンを踏むと、トイレは流れた。どうやら外からしか流せないようだ。こんな生活をずいぶん送った。もう何日が経っているかわからなかったし、裁判もどうなっているかわからない。もうどうでもいい気持ちになっていた。

あとで聞いたところでは、私はこの個室に2週間も入っていたという。だが、時間の感覚はまったくなかった。私はそれだけ精神を病んでいたのだろう。

落ち着きを取り戻し、大部屋に移動

「山下さん。出てください」

看護師が来た。私は鉄格子の部屋から出た。

私の担当医は、院長先生だった。

「だいぶ落ち着いたようですね。大部屋に移りましょう」

そう言われて、血液検査と身体検査を受ける。私は、ほとんど食べなくなっていたので、ガリガリに痩せていた。体重は41キロになっていた。

鉄格子の部屋に入れられる前に行ったロッカールームへ案内された。自分の荷物が懐かしかった。荷物を持って大部屋に移動した。ボストンバッグは看護師さんが持ってくれた。

大部屋はデイルームを挟んで、男性部屋、女性部屋に分かれていて、陽当たりのいいデイルームのところにナースステーションがあった。私は8人部屋の窓際に移された。明るく気持ちのいい場所だった。

隣のベッドでは、美人で優しい感じのする若い女性が弱弱しくパソコンを打っていた。

部屋の人たちは、私に興味を持ったらしく、昔からの友人のように私の周りに集まり、自己紹介をし始めた。私たちはすぐに仲良くなった。

同室の患者たちは、摂食障害の人が多かった。食事は食堂で入院患者全員で食べた。ビュッフェ形式で、食べたいものを食べたいだけ取るのだ。ごはんとお味噌汁も自由に注いだ。それから空いている席を探すのだが、たいがい誘ってくれた人と一緒に仲良く食べた。

しかし、食べたと言っても、私はほとんど食べられなくて困っていた。すると隣に座った女性が「無理しないでね。食べなくてもいいのよ」と言ってくれて、私は安心したのだった。

入院患者の中には、ものすごい量を食べる人がいた。大量の水と一緒に、飲み干すようにして食べるのだ。彼らは過食症で、男女を問わず結構な人数がいた。食事の直後、トイレに行って、指を喉の奥に入れて吐くのだそうだ。水を飲むのは、吐くときにラクだからだと聞いた。食事の後、トイレには長蛇の列ができた。

私は食べずにいたが、前の席に座っている女性が「お味噌汁だけは飲んでおいた方がいいよ。安定剤が入っているから」と耳打ちした。私は、お味噌汁だけ飲んだ。

日中は、ぼんやりベッドにいた。デイルームには大きな窓があり、そこを出ると、広いウッドデッキがあり、そこで座りながらタバコが吸えた。高原の空気はとてもよかった。タバコも美味しかった。病棟の中には掘コタツの部屋もあり、カルタやトランプなどをして患者同士で楽しんだ。まるで合宿のようだった。

退院が近づいた頃、俊子ちゃんが面会に

穏やかな入院生活を送っていると、看護師さんが「山下さん、面会ですよ、こちらに来てください」と、デイルームにあるファミリールームという部屋に案内された。なんと、俊子ちゃんが会いに来てくれたのだ。私と俊子ちゃんは顔を合わせるなり抱き合って「元気だった？」「うん」と、まるで10年ぶりに会う親友のように再会を喜んだ。

「私、初めて精神病院ってとこに来たわよ。案外、普通なのね」

俊子ちゃんは物珍しそうに周囲を見渡した。

「そうね。みんな優しくて、いいところよ」

そんな会話をした。

「ねえ前に、ヨットスクールに行きたいって言っていたじゃない。退院したら、行ってみたら？　裁判のことばかり考えていると良くないよ」

山下の暴力が日常的になる前、私たちは逗子の別荘でそれなりに幸せに過ごしていた。別荘の前はマリーナになっていて、ヨットがたくさん停泊していた。私がそれを見てヨットをやってみたいと言うと、機嫌の良かった山下が私の誕生日プレゼントにヨット講座をプレゼントしてくれたのだ。その後、すぐに暴力が始まったので講座には通えなかったが、まだ権利は残っ

ているかもしれない。

　痩せ細ってしまった自分の身体を考えると、とてもヨットなんかできそうに思えなかった。しかし、ヨットの話を始めたらなんだかわくわくしてきて、海が恋しくなっていた。この病院に来て、毎日山を見ていたからだろうか。

「そうね……、退院したらヨットをやってみようかな」

「そうしなよ。身体を動かすのはいいことよ」

　それから3週間後、ようやく退院許可が下りた。

　私はみんなに見送られながら、タクシーに乗った。これでお別れかと思うと、なんだか寂しい。楽しい時も多くあった入院生活。みんな優しかったし、親切だった。

「元気でね。別れるのは寂しいけど、もう、戻ってきてはダメだよ」

　仲の良かった入院患者のひとりがそう言って送り出してくれた。

　周りで見ていた他の入院患者たちも手を振った。泣いてくれる人も数人いた。タクシーの小さな窓越しに、みんなと握手をした。ドライバーさんが「では、出発していいですか？　新幹線の時間に遅れます」というと、私は手を大きく振り「元気でね。みんな自殺しちゃだめだよ」と叫んだ。そしてタクシーは、駅へと向かった。

第五章　それからの私

接近禁止令を獲得

ホスピタルを出て東京駅に着いたが、またしても行く当てはない。とりあえず川村弁護士に電話をしてみた。運よく電話はつながった。

「いまどこ？　もう退院したの？」

「はい、今日退院して東京に戻ってきました。いま東京駅にいます」

「これからどうするの？　行くところはある？」

「どこかホテルに泊まろうと思っているけれど、お金も厳しくなってきました」

川村弁護士は「そう……」とつぶやくと、考え込んだ。

「たしか逗子に別荘を持っていたわよね。そこに行けるといいんだけど……山下さん、来るかしら？」

「来るかもしれません。山下のものですから」

「ちょっとホテルで大人しくしていて。私に考えがあるから」

川村弁護士はそう言うと、慌ただしく電話を切った。

川崎にある安いビジネスホテルで数日過ごした。独身時代に貯めたお金は、山下による経済的ＤＶと家を出た後の暮らしでほとんどなくなっていた。

そして、また裁判である。

私は横浜線に乗り、八王子の裁判所まで行った。

裁判所へ行くのはとても憂鬱なことだった。しかし、今日はすこし違う。昨日、川村弁護士は電話で「接近禁止を取ります。そしたら、逗子の別荘に行けるわよ。生活費も分担してもらいましょうね。大丈夫、こっちは用意が出来ているから」と言っていた。今日の裁判では大きな進展があるかもしれなかった。


裁判が始まった。裁判官はわざと裁判を長引かせようとしているのかと思うほど、同じことを繰り返し聞いてくる。川村弁護士がそれを制して、手早く話をした。

「接近禁止令と、生活費の分担をお願いします」

無感情に事務的に裁判官に伝えると、「わかりました。では、控室でお待ちください」という。

次は山下が弁護士と呼ばれる番だ。いつも裁判室は3階、私と川村弁護士の控室は4階、山下は弁護士と2階の控室を使っていた。当事者が顔を合わせない奇妙な裁判だった。

「次、どうぞ」と、裁判所の女性職員が私と川村弁護士を呼びに来た。

裁判室に入ると、女性の裁判官は事務的に「月々25万円の生活費を振り込むことになりました。接近禁止令も大丈夫ですよ」と言った。私は安心した。逗子の別荘も使っていいという。山下は逗子の別荘に近寄れない。安心して暮らせる。そして生活費も初めて山下からもらうことになった。私は川村弁護士にいつもより丁寧にお礼を言って裁判所を後にした。

裁判所を出た後、川崎のホテルを引き払い、逗子に向かった。

久しぶりに入る逗子の別荘。あのときのままだ。

私の茶碗もあるし、箸もある。

ここに山下は立ち入れない。月25万の生活費は、山下の財産や給料から算出されたものだった。私はテレビのない静かな部屋で、ゆっくり風呂に入り、ベッドに横たわった。

逗子の別荘で新生活

逗子での生活は、微妙なものだった。この部屋で暴力を振るわれたこともある。そして、懐かしい自分の匂いもするが、山下の匂いもするのだ。

近所の食料品店で、段ボールをいくつかもらい、その中に山下の私物をまとめて入れた。そして、目につかぬようクローゼットの奥にしまいこんだ。テレビもオーディオ機器もない部屋は、たまらなく静かだった。静寂さがいろいろなことを思い出させ、考えさせた。私は再び精神のバランスを崩しそうになっていた。

そんなときに思い出したのが、ヨットだった。

別荘から油壷マリーナまでは通える距離だった。マリーナに行くと、ヨットの体験講習の募集を行っていた。私は思い切って参加することにした。

暗い曇天の日だった。たくさんのクルーザーヨットが陸置きされている中を通り過ぎ、マリーナオフィスに向かう。人の気配はなかった。冬場のマリーナは閑散としていた。オフィスに入ると、元気のいい若手のスタッフが迎えてくれた。

若手のトレーナーが、ヨットを操船する。私たち体験講習者はお客様状態で、楽しくセーリングをして、マリーナに戻った。

「クルーの国際資格をとりませんか？　ぜひお待ちしています」

帰りしなに若いトレーナーから不意に話しかけられた。

「ヨットの操船は通常、オーナーとキャプテンとクルーによって帆走します。クルーは、言うなれば働き手です。直接セールを操ったりする係、管理する係、雑用、それらすべてができないと、クルーとは言えません。ヨットには日本では特に資格はありませんが、世界的には資格があります。それを取得できる講習です」

若いトレーナーに記録を調べてもらうと、山下にプレゼントしてもらった講座の権利はまだ残っていた。私は講座を本格的に受講してみることにした。

荒天の中のヨット講習

いよいよ、ヨット講習の日である。

ヨットとひと口に言ってもいろいろあるのだが、このスクールでは、クルーザーヨットと呼ばれる居住性の高い大型のヨットを学ぶ。初日は座学で、必要な装備品などを説明された。ヨットに必要なものは、何一つ持っていなかったのですべて買うしかない。私は山下からもらった婚約指輪を処分して装備品の購入代にした。購入した装備品ひとつひとつに名前を記入する。私は「山下」と書かず、旧姓で「春日野」と書いた。迷いはなかった。

講習は月曜日から日曜日まで1週間かけて行われた。受講者は全部で5名。私以外は全員男性だった。

教室で持ち物検査をした後で海に出る。キンッと寒い。風がビュウビュウ吹いており、小雨が降っていた。栈橋の上で初老の講師が船の説明をした。

「あれがスプレッダー、トッピングリフト、ハリヤード、バックステー、これがブーム……」

どれもこれも初めて聞く単語ばかりだ。結局、何も覚えられないまま乗船する。ヘルムスマン（船長）役を決め、各ポジションが割り振られた。ヘルムスマン役の生徒がエンジンをかけるよう指示されたが、エンジンのかけ方がわからない。

「カギが付いているだろう、足元のそれだよ。右に回すんだ！」

講師が声を荒げる。ヘルムスマン役の生徒が慌ててカギを回した。エンジンがかかった。

「バウ（船首）の舫《もや》いを持っている方は、外してラインを持って船に上がれ！」

バウを担当している生徒がヨットに上がる。船はどんどん栈橋から離れていった。

「ギアを前進に入れろ」

ヘルムスマンがギアを思い切って前に倒した。すると船体が前進し、スターン（船尾）のライン一本で留められ、船体は栈橋にぴったりくっついた。

「これが一番安全な、ワンラインドッキングです」

講師が教えた。すかさずスターンの舫いを担当していた生徒が、舫いを外して船が離れないうちにヨットに飛び乗った。

フェンダー（防舷物）を外して、デッキに移動し、舫いと一緒にロッカーにしまう。フェンダーは特殊な結び方がされており、初心者には外しにくかった。ヘルムスマンの操船で沖に出ると、「船を風に立てろ」と講師が言ったが、言葉の意味がわからない。

「マストの上を見ろ。矢印があるだろう。矢印が向いている方向が風の来る方向だ。それに船を合わせろ、矢印と同じ方向に船を向かせるんだ」

やっと、みんな意味がわかった。風を真向いに感じると船はエンジン音を立てながら、静々と進んでいった。メインセールを上げることになった。私は膝を折り、身体を低くしてマストに近づき、そこから出ている色違いのシート（ロープ）を触った。どれを引くのかわからない。

「赤を引け、全身で引くんだ」

私は赤のシートを握ると、マストに右足をかけて思い切り引いた。すると少しずつメインセールが上がっていく。

真冬の荒天の中、私たちはこんなことを1週間も毎日続けた。

そして最終日に試験が行われ、全員合格したのだった。

ヨットで得られた達成感

思いがけずヨットの資格を取ることができて、私は大きな達成感を味わっていた。

その後、私はヨットの上級コースにも参加した。

5段階あるヨットの国際免許の中で、山下は最終段階まで講習料を振り込んでいた。私は授業料の心配をせず、ヨットスクールに通うことができた。上級コースは船長資格だ。英語による国際海上特殊無線技士の資格も受講できた。

上級コースではクルーの資格取得を目指す受講者を使い、実際に自分の判断でヨットを操船する。教本には「ヘルムスマン（船長）は、クルーに対していかなる場合も声を荒げたり、慌てさせてはならない」と書いてある。落ち着いて行動し、冷静に指示を出さねばならないのだ。

船長資格を取るためには、操船技術の他、船の構造理解や海図の読み書き、潮の読み方や判断、電気系統の知識と工具の使い方など、覚えなければならないことが山積みだった。

講習期間は3ヶ月。私は毎日トレーニングを行い、ヨットの走行距離は３５６０マイルに達していた。

講座も終わりに近づき、最終試験が行われた。油壺マリーナから神子元、伊豆、遠州を越えて、的矢、紀伊半島にまで向かうクルージング試験だ。

試験を受けたのは4名。私以外の3名は国際海上特殊無線技士の免許のみの受験だった。私はヨットマスターの資格と、国際海上特殊無線技士の両方を狙っていた。

国際海上特殊無線技士の交信は、すべて英語でしなくてはならない。ノイズの入る海上無線はとても聞き取りにくかったが、耳に神経を集中する。正確に英語を発音し、遭難状況などを、伝達できなければ失格なのである。

結果、いずれも合格だった。私はプレジャー船においての、すべての国際船舶免許を取得することができたのだ。このことはとても大きな自信になった。

それまでの私は山下の影におびえ、自分のことを弱くて何もできない人間だと思っていた。

それが間違いであったことを証明できたのだ。

それ以来、ヨットは私の人生で欠かせないものになった。

和解に向けて動き出した裁判

ヨットに関する資格を取得してから、私はスクールの卒業生たちに誘われて、たびたび海に出るようになった。

海に出るようになってから、私の価値観は大きく変わった。

それまでの私は、裁判が進まないことにいつもイライラしていた。山下の影に怯え、何かに追い立てられるような気がして、つねに焦りと不安を覚えていた。

だが、海に出ると気持ちが一変した。それまでくよくよと悩んでいたことが、急にちっぽけなものに感じられたのだ。

海の上では人間にできることは少ない。

波が荒れれば、低気圧が過ぎ去るのをただ待つしかない。風がないならば、風が吹いてくるのを待つしかない。

ヨットを通じて自然と触れ合うなかで、確信のようなものが芽生えていくのを感じた。

それは「命があれば、なんとかなる」ということだ。

当たり前に思えるかもしれないが、それが海の上で実感したことだった。

生きていれば、いつかは波が収まるだろうし、風も吹いてくる。

私は少しずつではあったが、山下のことを乗り越え始めていたのかもしれない。


そんなある日のこと、千葉県の海に出ていると川村弁護士から連絡が入った。ひさしぶりの電話だった。裁判に進展があったのだろうか。

通話ボタンを押して、携帯を耳に当てる。川村弁護士は挨拶もそこそこに、いきなり本題を切り出した。

「先方が和解を提案してきたわ」

「和解……、それは本当ですか？」

山下はそれまで対決の姿勢をまったく崩していなかった。このタイミングでの和解は意外だった。だが、私たちの裁判はかなり長期化している。山下もこの辺りで決着をつけようと思ったのかもしれない。

「それで相手が和解金を提示してきたんだけど……」

川村弁護士はそこで一呼吸置き、吐き捨てるように続けた。

「それが20万円だって言うのよ。まったくバカにしているわよね。たった20万円で訴えをとりさげてほしいって。どうする？　和解金っていうのは、言い換えれば慰謝料よ。この金額で納得できる？」

私も長期化した裁判には嫌気が差していた。和解自体は悪くない。だが、和解金が20万円というのは、あまりに少なすぎる気がした。

私が素直にそう言うと、川村弁護士は賛同の声を上げた。

「そうよね、20万円は少なすぎるわ。だって、あなたは歯も折られているし、その治療費だってかかっているでしょ。それに山下さんの収入からしても、最低でも600万円はもらってていいと思うのよ。どう、交渉してみようか？」

「先生にすべてお任せします。よろしくお願いします」

私は電話を切ると、ひとつ大きく息を吐いた。

山下側が提示した和解金はたしかに不満だった。しかし、不思議と腹は立たなかった。

相手が和解を提示してきたということは、裁判の終わりも近いということだ。今後の生活を考えれば和解金の金額は重要な問題だ。だが、それ以上に裁判を終わらせることで、山下との関係を断ち切ることができる喜びの方が大きかった。

電話があってから2日後、ふたたび携帯電話が鳴った。

「裁判所に来てちょうだい。今、どこにいるの」

川村弁護士だった。

「千葉県にある保田漁港にいます」

「ああ、千葉県ね。だったら来られるわよね。和解案が具体的になってきているのよ。金額によっては、離婚を成立させてさっぱりさせた方がいいと思うわ。とりあえず事務所に来てほしいんだけど、明後日はどう?」

「わかりました、行きます」

私は訪問時間を決めて電話を切った。

ついに離婚が成立

いよいよ和解に向けた裁判が始まった。

山下と私は顔を合わせることがないよう、片方ずつ呼ばれて裁判が行われた。

裁判の争点は山下が和解金を支払うかどうか、また、支払う場合は和解金の金額についてだった。

私の代理人である川村弁護士は、山下側に和解金６００万円を要求した。山下側の提示した和解金は20万円だったので、金額の開きの大きさに不安になった。和解金の相場がわからない。ひょっとしたら、こちらの提示した６００万円という金額は、相場よりもずっと多すぎるのではないか。

和解金は私と山下の双方の主張を聞いて、裁判所が決める。

裁判所が提示した和解金は、５５０万円だった。

満額ではなかったが、私たちの主張が認められたのだ。

この金額ならば、歯の治療費もカバーできているし、充分に思えた。私はこれでもう終わりにしたかった。もう裁判を続けたくはなかった。

裁判官にその旨を告げて、川村弁護士とともに法廷を一旦後にした。

しばらくして、私たちは再び法廷に呼ばれた。

山下が５５０万円の和解金を支払うことに同意したという。

そして裁判官から「今日付けで裁判離婚とする」と告げられた。裁判離婚となると、通常の離婚届を提出する必要がない。裁判官によってその場で離婚が認められるのだ。戸籍には、まるで前科者のように「裁判離婚」と書かれてしまうが、そんなことはどうでもよかった。

ついに離婚が成立したのだ。

私はようやく新しい人生を歩み始めるのだ。

私にはその事実が一番大きなことだった。

和解金の550万円は裁判の翌日、私の口座に振り込まれていた。

私はもう、これっきり山下のことは忘れようと決めた。

結局、離婚が成立するまで7年もかかった。あまりに長い裁判だった。

マリーナでの新しい出会い

離婚が成立したので、逗子マリーナの別荘から出なければならなくなった。

慣れ親しんだ逗子を去るのは寂しかったが、近くにいれば山下と顔を合わせるかもしれない。

逗子から一刻も早く距離を置く必要があった。

とはいえ、土地勘のない場所に住むことには不安もあった。

散々悩んだ上、新しい生活の場として選んだのは東京都品川区の南品川だった。

最寄りの駅は京浜急行の新馬場駅だ。

南品川は生前に祖母が暮らしていた街で、馴染みがあった。部屋は6畳間に3畳のキッチンがついた1Kタイプ。京浜急行の高架下にあり、日当たりが悪かったせいか、相場よりもずっと格安だった。

新居を決めたら、仕事も探さなければならない。私は当面の生活費を得るために、駅近くの美容室で受付をすることにした。時給は880円。節約をすればなんとかやっていけそうだ。

この頃の私の楽しみと言えば、毎月購読している『KAZI』だった。『KAZI』はヨット・プレジャーボートの専門誌だ。ヨットに関する国内外のあらゆる情報が網羅されており、ヨットをやっている人ならばたいてい読んでいた。

この雑誌の中でとくに好きだったのが、「海の告知板」というコーナーだった。「海の告知板」はいわゆる読者通信で、読者が同好の志を募ったり、物品の売買や贈与などを行っていた。

ある日、部屋でぼんやりしながらそのページを眺めていると、同じヨットスクールの出身セーラーが、クルーを募集しているのを見つけた。また海に出たい、ヨットに乗りたいと思うといてもたってもいられなくなり、連絡をとってみた。

「あなたもあのスクールの卒業生ですか。じゃあ今週末、横浜・本牧の日本コンクリートのマリーナにあるうちのヨットにきてください」

週末になり、日本コンクリートのマリーナに向かった。同じヨットスクール出身者たち5人で、半日東京湾をクルージングした。

船を洗って帰ろうとした時、マリーナで真っ白な洋式便器がデッキにポンと置いてあるヨットがあるのを見つけた。珍しいので眺めていると「はあ〜」とため息をつきながら、くたびれた様子の作業服姿の男性が出てきた。男性は私に気づくと、声をかけてきた。

「こんにちは。どこのヨットの人？　見かけないね」

「今日、初めて来たんです。その便器、どうしたんですか？」

「ヘッド（便座）の交換だよ。もう疲れたから、今日はもうやめる。ちょっとお茶を飲んでいけば？　上がりなよ」

せっかくのお誘いなので、私は「失礼します」とヨットに上がった。

ヨットの男性はコーヒーの入ったカップを渡しながら自己紹介をした。

「はじめまして、室井といいます。この船は『ナイスゲール』だ。こうやって1人でのんびりやっている。あなたは？」

自分の名前と、本牧にきた理由を手短に話した。

「へー、じゃあ、今度、俺の船に乗りに来ない？　来週末はどう？」

室井さんは熱心に誘ってきた。初対面なのにいきなり誘ってくるなんて変な人だと思った。

「俺はもうすぐ定年なんだけど、仕事をリタイアしたらヨットに住むのが夢なんだ。週5日くらい滞在して、のんびりやろうと思ってるんだよ」

油壺マリーナでトレーニングしていたとき、毎朝スーツを着てヨットから出てくる年輩の男性がいた。その男性はどうやらヨットから勤め先に出勤しているようで、夜になるとまたヨットに帰ってくるのだ。

ヨットの世界には「ヨット乞食」という言葉がある。ボロボロのヨットで暮らし、ホームレスのようになりながらも、本人はいたって幸せであることを指した言葉だ。

ヨットに住みたいと話す室井さんの姿が、あのスーツ姿の年輩の男性にダブった。悪い人には思えず、私は室井さんの誘いを受けることにした。

心を解きほぐすマリーナでの生活

私はそれから週末になると室井さんのヨットに通い、2人でクルージングを楽しむようになった。室井さんの『ナイスゲール』は、フランスのジャノー社製の28フィートで、古いが整備が行き届いており快適だった。隣近所の桟橋仲間とも顔見知りになり、仲良くなった。私は本牧に行く金曜の夜が楽しみになっていた。

金曜の夕方、遠くから、ガラガラとカートを押してくる音がした。

キャビンの入口の小さな階段を上り、外を覗くと見慣れない男性が数人いた。みな週末になったから遊びに来たようだった。

「こんばんはー、誰かいる？」と、男性の声が聞こえた。

船からそっと顔を覗かせると、ひとりの男性がニコニコと笑っている。

「あれ、新人さん？　はじめまして、金谷と言います。カナブンって呼んで下さい。そこのボートで釣りばっかしやってるの」

「はじめまして。春日野晴子です。よろしくお願いします」

「へえ。晴子ちゃんって言うんだ。旦那さんいるの？」

「……独身です」

「え！　女1人でヨットやるの？」

「そうよ。でも室井さんと2人でね」

私は新しい世界にいた。

DVの恐怖から隔絶された世界だ。

もはやPTSDは自分だけの問題だった。ヨット関係の知り合いは、私がDV被害者で夫から逃げてきたことを知らない。私はマリーナで声をかけられたら、元気よく大きな声でハキハキと明るく話をしていた。

私はどうやらこのマリーナの有名人になっているようだった。単独でヨットを操船できる女性は少ない。マリーナの人々の目には私が変わり者に映ったらしい。

カナブンは顔が広く、私を色々な人に紹介してくれた。

マリーナではみなニックネームで互いを呼び合っていた。私もいつのまにか「ニッキー」になっていた。ここでは本名や職業、住所は聞かないのがマナーだった。余計な詮索をされることがないので、私にはますます都合が良かった。

桟橋の仲間たちはまるで家族のようだった。みな金曜日、仕事が終わったらマリーナにきて、日曜日の午後に帰る。マリーナにいる間は仲間同士で食事をしたり、釣りに出かけたり、ヨットを出してセーリングに行ったり、ひたすら宴会をしたりと、それぞれが楽しんでいた。

室井さんは、穏やかで物静かな性格で、大勢で騒ぐというよりはどちらかと言うと一人でいることを好む人だった。お湯が沸くと茶碗に抹茶を入れた。そして器用にお茶を点《た》てるのだ。

「はい、どうぞ」

「室井さんは、お茶が趣味なの？」

「まあ、ちょっと習っただけだよ。疲れている時、濃いお茶はいいんだ」

そして、室井さんの故郷の話をした。

「俺の実家は、神戸なんだ。先週実家にちょっと帰ってね、近所で買ってきたんだ。これ美味しいから、食べてごらん」

シナモンロールのような食パンを、ビニール袋から出して切り始めた。

「神戸って、異人館のあるところよね」

「ああ。そうね。でも、そっちじゃないよ。東灘区の魚崎って町」

「何しに帰ったの？」と何の考えも無く聞いた。

「親父が死んだんだ。葬式だよ」

「そうなの……」

「まあ、よく持った方だね。長生きだよ。96歳だったんだから」

切った食パンをお皿に載せて出した。抹茶には合わないなと思ったが、食べてみたら、驚いてしまった。

「あ、あんこ？」

「そう。あん食っていうんだ。こっちでは売ってないよ。『トミーズのあん食』って言ったら、神戸じゃ有名なんだぜ」

室井さんの実家は歯科医院で、室井さんは三男。次男のお兄さんが歯科医院を継いだそうだ。

長男は商社勤めで、定年後はアメリカ人の奥さんと共にシアトル郊外に家を買って住んでいるという。室井さんは、一度も結婚したことのない独身者で、サラリーマンだった。

「俺は末っ子だからね。家庭もないし、気楽なんだよ。もうすぐ定年するからね。そうしたら、あちこちクルージングして回りたいんだよ」

「いい考えね」

私は、あん食を食べてみた。これがたまらなく美味しい。

「ねえ、これ横浜でも売ってたらいいのに。すごく美味しい。こんな食パン、初めてよ。あんこが食パンに巻き込んであるなんて、すごい発想。さすが神戸ね。おしゃれなパン屋さんたくさんあるものね」

「そうだね。でも、トミーズは、おしゃれなパン屋さんという感じじゃないよ」と言ってケラケラ笑った。

「ちょっと前までは、住吉の山手にあった店なんだけど、近所に引っ越してきてね。住吉のころから、あん食好きだったけど、実家の近くにトミーズが出来たから、帰ると必ず買って帰るんだ。でも、日持ちしないから、3日目からはトーストして、バターをちょっと付けると、これもまた美味しいんだよな」

室井さんが神戸の実家にいたのは高校生までだそうで、大学は東京の青山学院大学に進学した。それ以来、室井さんは東京暮らしなのだという。東京で就職して、間もなく定年を迎えようとしていた。酒盛りが好きで、騒々しい賑やかな他の仲間たちとは違って、室井さんだけは静かにじっくり話ができた。

まさかのアクシデント

4月上旬のことだった。その頃、私は室井さんの許可を得て、『ナイスゲール』に一人で宿泊することが多くなっていた。その日は夜中から風が強く、係留しているヨットのリギン（マストやセールを支えるロープ）はカンカン鳴りっぱなしだった。バイト先の美容室が臨時休業だったので、私は昼過ぎまで寝ていた。

携帯電話が鳴ったので出てみると、俊子ちゃんだった。

「晴子ちゃん、元気？　どう、そっちの生活には慣れた？」

私はまだ、寝起きでぼんやりしていた。

「ちゃんと食べてる？　今朝何食べたの？」

「まだ何も……買い物に行かないと、何もないのよ」

「じゃあ、近所のコンビニで何か買って食べてよ。食べなきゃダメ。いい？　絶対行くのよ」

それだけ言うと、俊子ちゃんは電話を切った。

面倒くさいなと思いながら、顔を洗い、ダウンジャケットを着て外に出た。猛烈な風が吹いており、髪の毛がグルグル回る。マリーナに人の気配はしなかった。ヨットもうねりに任せて揺れていた。

シュラウド（マストを支えるワイヤ）につかまり、落水防止のワイヤを右足でまたいだ。そして左足を引いたとき、足がワイヤに引っ掛かった。私は身体のバランスを失い、前方に大きく倒れこんだ。そして、桟橋の反対側に係留してあったボートのクリート（金具の一種）で頭を打ち、そのまま桟橋と船体の隙間から海に転落してしまった。

目を開けると、水面が頭の上にあった。泡がブクブクと浮かんでいく。

手足を必死に動かして、水面に顔を出す。

「やってしまった」という思いが頭の中を回る。打った頭部が猛烈に痛む。舫いロープのスプリングラインをつかんだが、水面に出ると濡れた身体が凍るように冷たくなった。

「上がらなきゃ」という一心で桟橋の端をつかむが、到底登れるものではない。桟橋は水面からかなり高い位置にある。何度も桟橋に手をかけたが、うまくいかなかった。

不思議なことに、海面から身体を出すと凍えるように寒いのに、海の中は温泉のように温かった。私は仰向けになって身体を浮かせると、目と鼻だけを海面から器用に出して、呼吸をしていた。身体は疲れきっていて、もう桟橋によじ登ろうという気力も体力もなくなっていた。

「もうダメかもしれない。これで死ぬんだな……」

そんなことをぼんやりと考えていたが、最後に声をあげてみようと思った。

「誰かいませんか……？」

小さな声で3回言ってみた。

そのとき、頭上の桟橋でバタバタと足音がした。そして、誰かが私の腕を強く掴んだ。必死に海から引き揚げようとしている。

私もそれに応えようと力を振り絞るが、身体全体が痺れていて力が入らない。それでもその誰かは力を緩めなかった。荒々しい息と共にズルズルと私は桟橋に引き上げられた。目を開く力もなかった。

しばらく桟橋で震えていると、大勢の人が集まってきた。

私はそこで意識を失ってしまった。

私を救ってくれたのは…

私を海から救ってくれたのは、室井さんだった。

桟橋に引き上げられた私は、その後、マリーナの救護室に運ばれた。救護室には関係者が大勢集まっていた。しばらくして救急車が到着した。記憶がおぼろげなのだが、私は病院に搬送されるのを嫌がったらしい。

室井さんは救護室までおかゆを作ってもってきてくれた。そして、私のベッドに座るとおかゆを食べさせてくれた。救急隊員によると、私は低体温症になりかけており、海の中にあと5分もいたら危なかったという。室井さんは身体の中から温めた方がいいと思い、レトルトのおかゆを温めてきてくれたのだ。

目立った外傷はなかったので、救急隊は帰っていった。ヨットに泊まることは救急隊から避けるように言われていたので、その日はマリーナのそばにあったビジネスホテルに泊まった。

翌朝、頭痛とともに起きると、ホテルをチェックアウトしてマリーナに向かった。室井さんにお礼を言おうと思ったのだ。だが、室井さんはマリーナにいなかった。携帯電話を鳴らしたがつながらなかった。ダイビングをするために小笠原を目指して沖合いに出ていたのだ。

翌週末、室井さんはいつものようにマリーナに現れた。

「ありがとうございました。おかげで命拾いをしました」

私が頭を下げて言うと、室井さんは「いいんだよ」と穏やかに笑った。

落水の一件では室井さんだけでなく、マリーナの仲間全員に迷惑をかけることになった。私の事故があってから、マリーナ側はヨットでの宿泊や滞在を規制する動きがあった。私はみんなの自由な場所を奪ってしまった気がして、申しわけない気持ちでいっぱいだった。

私はけじめをつける意味でも、しばらくマリーナから距離を置くつもりだった。そろそろ自分の生活も安定させる必要もあった。いつまでもこうしてばかりはいられないのだ。

「今日は荷物を引き取りにきたの」

室井さんのヨットには、私の私物がいくつもあった。室井さんは私の気持ちがわかったのか、特に止めようとはしなかった。

「そうか。じゃあ、手伝うよ」

一緒にヨットの中を整理する。必要なものをバッグに詰め、船舶用の食器など船で使えそうなものは室井さんにあげた。片付けが終わると、室井さんは野点セットで抹茶を点ててくれた。

「アパートまで送るよ」

荷物はかなりの量になったので、お願いすることにした。

ヨットの入口にカギをかけて、船を下りた。「じゃあ、行こうか」と室井さんが歩き出した。私は断腸の思いでマリーナを後にした。

ほとんど会話もないまま、アパートに着いた。

「上がっていく?」

「いや、帰るよ。またね」

室井さんはそう言うと、軽く手を振り帰っていった。

私はまたアパートで一人ぼっちになった。誰もいない。誰も訪ねてこない。耳がつぶれそうな静寂。遠くに商店街の売り出しセールのアナウンスだけが聞こえていた。私は美容室のアルバイトを辞め、近所のカフェで働くことにした。ウェイトレス兼雑用だ。仕事は月曜日から土曜日までの週6日。マリーナでの生活を忘れるために、必死に働いた。

ようやくカフェの仕事にも慣れてきた頃、日曜日に部屋でぼんやりしていると携帯電話が鳴った。室井さんからの電話だった。あの日以来、室井さんとはまったく連絡をとっていなかった。私は緊張しながら通話ボタンを押した。

「今、マリーナなんだけど、これからそっちに行っていい?」

「きて!」

私は嬉しくなった。しばらくして室井さんは私の部屋にやってきた。2人でランチを食べて、マリーナの話や仲間たちの話をした。楽しい時間はあっという間に過ぎ、夕方になって室井さんは自宅に帰っていった。この日から室井さんは毎週日曜日になると、私のアパートを訪ねてくるようになった。

穏やかな交際

気がつくと日曜日に室井さんが訪ねてくるようになってかなりの時間が経っていた。私は次第に日曜日がくるのを待ち遠しく思うようになっていた。

とはいえ、単純に室井さんに恋愛感情を抱いているのかというと、よくわからなかった。私自身、まだ男性に対する不信感を払拭できていなかったし、室井さんから直接好意を抱いていると言われたわけでもなかった。恋人というよりは、本当に仲の良い友人のような関係だったのだ。

そんなお付き合いが1年半続いた。

私がヨットを恋しがっていることを、室井さんは痛いほどわかってくれていた。「いつでもヨットに来ていいよ」と言ってくれるが、仲間にさよならも言わずに消えていたので足を向けづらかった。ひと月我慢したが、ついに耐えられなくなって室井さんにお願いした。

「ナイスゲールで寝てもいい？　誰もいない平日に行くから」

「いいよ。鍵はアンカーロッカーの中に入ってる。いつでも行っていいよ。俺は金曜に仕事が終わったら、家でシャワーしてからマリーナへ行くから」

「ありがとう、木曜日に行く」

木曜日の夕方、仕事を終えて人気のないマリーナにやってきた。

室井さんに教わった通り、アンカーロッカーにカギが入っていた。それでキャビンを開けて、手探りでジェネレーターをかけた。照明をつけると、ホッとした。室井さんの船にはテレビがない。ラジオを静かにかけて寝床を作った。考えてみれば、室井さんの布団なのだ。男性の部屋にいるのに、それでも言いようのない安心感に包まれているのが、とても不思議だった。


翌朝、誰かの船のエンジンの音で目が覚めると8時だった。パジャマのままデッキに出て、たばこを吸った。週末が近いこともあってマリーナは活気があり、賑わっていた。私は相変わらずプライバシーのないマリーナだな……と思ったが、そんなところが好きなのだ。

夕方になり、キャビンのソファで横になっていると、室井さんがやってきた。

「よお！　昨日は眠れたか？」と言って、サッとキャビンに入ってくる。

「早く着いたね」

「会社はうまいことやって抜け出すもんだよ」

ガサガサとスポーツバッグを開くと「ほれ」と言って、食パンを出した。

「トミーズのあん食だよ。今度のは抹茶味だよ」

夜になると、室井さんはスポーツバッグからタッパーを取りだし、中身を鍋に移した。

「ロールキャベツ作ってきたんだ。昨日から煮てるから、うまいぞ」

室井さんは独身生活が長い。もう60歳なのだ。ヨットの中も整理されているし、掃除もゆきとどいていた。料理も上手い。洗い物も要領よく済ませた。私には出来ない事ばかりだった。褒めると「船乗りは女房要らずって言うだろ」と笑った。


その晩、寝る頃になって私は戸惑ってしまった。キャビンの中にはバース（寝台）はひとつしかない。どうしようかと思っていたら、室井さんは「俺、隣のヨット借りるからな。じゃ、また明日」といって身軽に自分の船を出てしまった。

朝になると室井さんはまた現れ、一緒に朝食を食べた。

「あん食の抹茶って、これも美味しいね」

「そうだろう。焼いてやろうか。冷蔵庫にバターがあるからちょっと塗ると美味しいんだ。やってやるよ」と、手早くフライパンでトーストしてくれた。

そして、また夜になった。週末である。今度は仲間が集まって、どんちゃん騒ぎが始まった。隣のヨットも飲んで騒いでいる。とても室井さんが泊まりに行ける様子ではない。

「寝るか」と室井さんは寝床のバースに入った。私は、ソファで寝るつもりだった。

「おい、寒いぞ、こっち来いよ」と私を呼ぶ。

その日から私たちは一緒に寝るようになった。とても自然だった。男と女ではなく兄弟か、性別を超えた仲間のような、不思議な感覚だった。

「ニッキーって、結婚したことないの？」

室井さんが静かに聞いてきた。私は正直に告白した。一度、結婚していたこと。夫に暴力を振るわれて逃げ出したこと。シェルターに保護されたこと。裁判で離婚をしたこと。私は洗いざらい全部話した。室井さんは私の話を最後までじっくり聞いてくれた。

思いがけない結婚

平日は南品川のカフェで働き、週末はマリーナのナイスゲールで室井さんを待つ、そんな生活が半年ほど続いた。しかし、私のことをどう思っているのだろう。気になって聞いてみたかったが、面と向かって聞けなかった。メールで「私ってどんな人？」と簡潔に書いて送信した。間もなく返信が返ってきた。室井さんは「マリーナのみんなは、ニッキーに恋してます。でも、私はニッキーを愛してます」と。

次の週末、室井さんは普段通りの態度でやってきた。

いつものように海を見ながら話をしていた。室井さんがふと真剣な顔になった。

「なあ、よかったら、俺の家に越してこないか。いま一部屋空いているんだ」

予想もしない提案だった。私はそのとき毎週末「何で離れなければならないんだろう」と思っていた。室井さんの家で暮らせば、ずっと一緒にいることができる。

「少ないけど、生活費も出すよ」

室井さんはそうも言ってくれた。

「以前のＤＶ体験で、まだ薬を飲んでるんだろう。俺が働いているうちは、休んで症状を軽くすることを考えた方がいい」

引っ越しの日はあっという間にやってきた。南品川のアパートを解約し、室井さんのマンションに引っ越し業者と向かった。部屋は5階にあった。３ＬＤＫの標準的なマンションだ。業者が手際よく荷物を運びこむ。引っ越し業者の次は、引き取り業者が来た。ダイニングテーブルや冷蔵庫、洗濯機、ソファなど、２つはいらないものを処分した。

私は部屋でのんびりさせてもらう代わりに、家事をできるだけ手伝った。平日は自宅で過ごし、週末になるとマリーナに2人で出かける。毎日が穏やかに過ぎていった。

そんなある日、室井さんにプロポーズをされた。

「結婚した方がいいんじゃないか？　お母さん、容体悪いだろう。高齢だし、もし葬式なんてことになったら、俺、どこに座ればいいんだろう。ニッキーもお母さんに死なれたら、気が弱くなってしまうだろうし。俺が横にいたら、あの人誰だ？　ってことにもなる」

「そうか！　夫だったら、横にいてもらえるもんね」

私たちはたったそれだけの理由で婚姻届を取りに行った。

役所に寄った後、私たちはマリーナに向かった。

キャビンのテーブルに、婚姻届を出して2人で眺めた。私はまたこうして結婚しようとしていることに不思議な思いがした。だが、室井さんは山下とは違う。この人となら幸せになることができるという実感があった。

室井さんはボールペンを取り出すと「夫になる人」の欄に自分の名前を書いた。書き終わると「じゃ、ニッキー書いて」とペンを渡された。私はおごそかな気持ちになって「妻になる人」の欄に名前を書き込んだ。婚姻届の証人欄は、マリーナの仲間に書いてもらった。

「役所に行こう」と婚姻届を畳むと、室井さんは身支度を始めた。

「さあて、横浜市中区役所でいいな？　近いから」

車を走らせ、間もなく中区役所に到着した。係の人に婚姻届を渡す。私の本籍も、室井さんの神戸の実家に移動させた。

区役所の出入り口のところを出ると、室井さんが言った。

「早めに帰って銀座に寄ろう。宝石屋があるだろう。キミ、詳しいよね。どこか宝石屋へ連れて行ってよ」

「何を買うの？」

「婚約指輪と結婚指輪を買ってあげてないから、プレゼントするよ」

私はだんだん実感がわいてきて、ドキドキしてきた。銀座の宝石店で指輪を決めると、スタッフが「ご結納はいつでいらっしゃいますか？」と丁寧に聞いてきた。

室井さんは「もう結婚したんです」と答えた。

「イニシャルを彫ります。2週間お預かりします。結婚記念日はいつですか？」

私達は、顔を見合わせてしまった。いつ結婚したのか、よくわからない。もう、ずっとナイスゲールの中で一緒にいたのだ。それに、もう2人で暮らし始めている。

「じゃあ、4月2日」と室井さんは言った。4月2日は、私が落水し、室井さんが救助してくれた日だ。私たちの結婚記念日は、4月2日になった。

私はDVへの恐怖心やDVで受けた後遺症を抱えたまま、再婚をした。だが、室井さんには恐怖はまったく覚えなかった。一緒にいると、気持ちはどんどん安らいでいった。

私は専業主婦になった。そして、室井さんは来年、定年を迎える。私にとっては思いがけず、ちょっと早い老後のノンビリとした生活が、やってきたのだった。

おわりに

これまで私のＤＶ体験と、そこから立ち直った経緯を記してきた。

ある日、夫が豹変して暴力的になる。理由もなく毎日のように激しい暴力にさらされる。緊張と緩和を繰り返すことで、心と身体を縛られて、抵抗ができなくなる。

私の経験は個人的なものだが、そのＤＶの内容は典型的なものだ。


平成27年度の内閣府の、ＤＶに対する調査が発表された。

その調査によると、配偶者から何らかの暴力を受けた経験のある女性は、婚姻関係にある女性全体の３割にもなり、そのうちの４割の女性がＤＶ被害を他人に相談していないという。

配偶者暴力相談支援センターにおける相談件数も増加している。平成14年度に３万５９４３件だったのが、平成26年度には初めて10万件を突破した。この12年間で約３倍になった計算だ。

では、ＤＶ被害者に対する支援はどうなっているのだろうか。

厚生労働省によると、公的なシェルターへの一時的な保護件数は、平成14年度に１万９０３

件だったが、平成25年度は1万1623件だった。DV被害者は増えているのに、シェルターの保護件数はほとんど変わっていない。公的シェルターはほとんど増えておらず、また、シェルターに対する認知度も高まっていないということだ。

2016年1月の日本経済新聞には、DV被害者の主な相談先の統計が掲載されていた。その記事によると、最も多い相談先は「友人、知人、親戚」で32%、警察は6・5%、配偶者暴力相談支援センターはわずか2・4%だった。公的な機関に相談するDV被害者は非常に少ないのである。

実際、私の場合もまず相談したのは友人や知人だった。

警察に行ったのも、命の危険を感じたからだった。そこまで事態が悪化しなければ、警察に相談しようとは思わなかっただろう。DVは家庭内の問題でもあるので、公にするのは体裁が悪く、恥ずかしいと思う人は多い。また、外部に相談したことが夫に知られ、より暴力を振るわれるのではないかと怯えて、相談できないケースもある。

だが、友人や知人に相談してもDVの根本的な解決にはならない。

「まさか、あの温厚そうなご主人が⁉　あなたが悪かったのでは？」

「もう一度、やり直すべきよ」

などと元に戻るように説得されることもあるし、何度も相談をしているうちに距離を置かれてしまうこともある。そしてある日、連絡を絶たれて見捨てられてしまう。これを「DV二次被害」という。DV被害女性は多かれ少なかれ、この二次被害に遭っているだろうと思われる。

DV被害者救済の実態

配偶者暴力相談支援センターは各都道府県に1ヶ所以上設置することが義務付けられているが、施設の数は圧倒的に足りていない印象を受ける。

内閣府が公表している都道府県別配偶者暴力相談支援センター数（平成27年11月9日現在）によると、全国にある配偶者暴力相談支援センターは261ヶ所（うち、市区町村が設置しているものが88ヶ所）。北海道（20ヶ所）や千葉県（18ヶ所）、埼玉県（16ヶ所）、大阪府（12ヶ所）、東京都（11ヶ所）のように10ヶ所以上設置している都道府県もあれば、高知県や和歌山県のように1ヶ所しかない県もある。当然、それだけの施設ではまかないきれない部分も出てくることだろう。

では、シェルターで保護されなかった被害者はどこにいくのか。

多いのが民間のシェルターだ。民間シェルターは自分自身もDV被害者だった女性（サバイバーと呼ぶ）などが中心となったNPOが運営しているケースが多い。公的なシェルターは入所できる期限が決まっており、外出の自由がなく、外部との連絡が制限されるが、民間シェルターの場合は滞在費がかかる反面、長期間の滞在ができ、シェルターから仕事に通うことができるなど、比較的制限が少ないとされる。

平成18年度のデータによると、民間シェルターの数は全国で合計102件だった。だが、運営には多額の資金が必要で、自治体から充分な支援を受けられないために、施設を閉鎖せざるを得ないケースが増えているといわれている。

DVはすぐに保護をしないと命の危険がある場合も多い。公的シェルター・民間シェルターともにある程度の数を維持する必要はあるだろう。

本文でも触れたが、私が入所していた公的なシェルターでは、職員が相談相手になってくれることはまったくなかった。私は当時、いくらか預金があり、実家の賃貸収入があったので「出た後は自分でなんとかするだろう」と判断されたのかもしれないが、非常に心細い思いをした。

それまで専業主婦をしていた女性が、ある日突然、自立することは容易ではない。最近では出所後に自活できない入所者のために、生活保護を取得する手助けをしてくれる公的シェルターもあるというが、出所後を見すえて、住宅斡旋や職業訓練をすることは必要だと思う。

公的シェルターの2週間という保護期間は、ヘタすると裁判がまだ始まらないうちに表に放り出されるということだ。

裁判は始まってからが長いのだ。保護期間は2週間どころか2年以上必要と思われる。それが難しいのなら、その間のサポートが欲しいところである。DV被害者を救うのならば、もっと長い目で見た行政のサービスの連携が必要ということだろう。

DV被害者救済の問題点

DV被害者は経済的な援助や法律的な助言の他にも、精神的なケアも求めている。

私の場合、夫にDVを受けていることを相談すると、多くの友人や知人が救済の手を差し伸べてくれた。しかし、最後まで私に味方し、私に寄りそってくれたのはほんの数人だった。身近にDV被害者がいると厄介がられるのだ。数少ない親戚でさえも、早々と手を引いてしまった。それほどDV被害者の心のケアは難しいのだ。

DVの相談を受けると、たいていの場合、周囲の人はなんとか助けようと最初は動いてくれる。だが、やがて自分たちの手におえないとわかると、あっさりと去っていく。

「あなたさえ良ければ、ずっといてくれていいのよ」

そう言って、笑顔で家に招いてくれた友人でも、3日もいればだんだん迷惑そうな顔に変わってくる。

「24時間、いつでも電話して」

そう言ってくれた人が、突然、いつ電話しても一切出なくなる。

DV被害者を助けるというのは、そのすべての問題を一緒に背負い込むということでもある。一般の人がそれをするのは難しい。まず不可能だろう。結局、中途半端になってしまい、救済者たちは途中でハシゴを外してしまう。そして、二次的加害者となって被害者はますます孤独に追いつめられていくのだ。

実際、私の場合もそうだった。シェルターに保護してもらい、身の安全は確保できたが、心のケアはまったく行われなかったために、孤独感を深めることになった。警察での取り調べや弁護士事務所での聞き取り、シェルター入所時のカウンセリング、そして裁判所……、夫の暴力について、詳細に、同じことを何度も何度も聞かれて深く傷ついた。そのたびに夫の暴力を思い出し、PTSDを発症し二次被害を受けることになった。

私以外にもそのような嫌な思いをしている人は大勢いるはずだ。

DVを受けた人は身体だけでなく、心も深く傷ついている。まずはその心の傷を受け止め、その傷を癒やすことが重要なのだ。シェルターにいる間、相談に乗ってくれるのは弁護士だけだった。公的な相談窓口は、9時17時のお役所仕事で、時間になると無情にも閉まってしまった。しかし、DVは夫やパートナーが仕事から帰宅した夜間に起きることが多い。その時間に相談窓口が閉まっていると、駆け込める場所は警察しかない。

私は警察署の前にワンクッション欲しいと思っている。救急車も出動件数がグッと増えるのは午後9時からだそうだ。その時間帯に相談を受け、一時的に身を寄せる場所があれば、ＤＶ被害者への精神的なケアをすることができるのではないだろうか。

永遠の愛を誓い合ったパートナーから暴力を振るわれる。

ＤＶというのは、とても悲しい犯罪だ。

被害者は身体だけでなく、心にも大きな傷を負う。たとえ、身体の傷が癒えたとしても、心の傷が残っていると、前に進むことは難しい。

被害者がＤＶから立ち直って、新しい人生を歩むには公的な支えが不可欠だ。ＤＶ被害者のための公的な支えが充実し、１人でも多くの被害者が救われる……私も１人のＤＶ被害者として、そんな日が１日でも早く来ることを祈っている。

最後に、ＤＶ被害者を法律的に助けてくれる「法テラス」の連絡先を掲載する。

法テラスは、国が運営する公的な法人で、弁護士費用等の援助を受けて裁判などを行うことができる。

ＤＶの被害救済も積極的に行っているので、トラブルに直面している場合は一度、相談をしてみるとよいだろう。

■ **法テラスの連絡先**

［犯罪被害者支援］０５７０－０７９７１４
（※ＰＨＳ・ＩＰ電話からは、０３－６７４５－５６０１）
［法的トラブル一般］０５７０－０７８３７４
（※ＰＨＳ・ＩＰ電話からは、０３－６７４５－５６００）

受付時間　平日：午前９時～午後９時
　　　　　土曜：午前９時～午後５時

ＵＲＬ：http://www.houterasu.or.jp/

■ **内閣府男女共同参画局「配偶者からの暴力被害者支援情報」**

全国の配偶者暴力支援センターの連絡先が掲載されている。

ＵＲＬ：http://www.gender.go.jp/policy/no_violence/e-vaw/soudankikan/01.html

■ 著者紹介

春日野晴子（かすがの・はるこ）
東京生まれ。大学卒業後、宝石店に就職。結婚を機に退職。
裁判離婚ののちに、再婚する。兵庫県在住。

DVシェルターの女たち

平成28年9月16日 第1刷

著　者　春日野晴子

発行人　山田有司

発行所　株式会社　彩図社
東京都豊島区南大塚3-24-4
MTビル　〒170-0005
TEL:03-5985-8213　FAX:03-5985-8224
http://www.saiz.co.jp
https://twitter.com/saiz_sha

印刷所　新灯印刷株式会社

 ISBN978-4-8013-0165-8 C0195